기억을 기록으로 바꾸는 여행법

여행의 기록

KB191269

기억을 기록으로 바꾸는 여행법

여행의 기록

안예진 글·사진

태어나 처음
캠핑카 타고
유럽 한 달,
기록으로 완성하는
여행이야기

퍼블리온
Publion

캠핑카 유럽 한 달, 여행하며 글 쓰는 삶에 도전하다

기록으로 완성하는 여행 이야기

휴직하고 제주에 와서 매일 여행하듯 살다 보니 따로 여행을 떠나지 않아도 지금, 여기에서의 삶을 살고 있다. 그러다 보니 연달아 쉬어본 적, 아니 길게 여행해본 적이 없었다. 《독서의 기록》을 출간하고 서른 번 남짓의 북토크를 다니며 회사가 아닌, 내 인생을 위해 처음으로 가장 바쁘게 살았다.

열심히 달려온 나에게 보상을 해주고 싶었다. 여행 전 너무도 재미있게 읽은 《여행 준비의 기술》에서는 책 출간 후 스스로에게 주는 강력한 보상으로 여행을 떠나도 된다고 했다. 책에 나온 이야기가 꼭 나에게 하는 말 같아서 감사하기까지 했다.

물질적인 것에는 크게 욕심이 없으나 경험에 대한 욕심은 넘쳐난다. 가장 부합하는 게 나에게는 여행이다. 박물관과 미술관을 바쁘게 찍고 돌아다니는 여행이 아니라, 자연의 풍경을 통해 마음을 차분히 가라앉히는 여행을 하고 싶었다.

실은 첫 책 출간 후 나 혼자만의 유럽 여행을 꿈꿨다. 포르투갈에 한 달간 혼자 여행 가서 나만의 시간을 가지고 싶었는데, 휴직한 남편이 너무나 강력하게 '본인도' 유럽 여행을 가고 싶다고 했다. '그래, 이왕 가는 김에 가족과 함께 가자'고 해서 여행 준비를 시작했다. 여행이 한 달도, 일주일도 남지 않은 시점에 우리 부부는 서로 격렬하게 아무것도 준비하고 있지 않았다. 비행기 표, 캠핑카, 여권, 국제운전면허증만 일단 준비했을 뿐…. 유럽의 어느 나라로 갈지, 어떤 루트가 좋을지, 하루에도 몇 번씩 마음이 왔다 갔다 했다.

여행은 비행기 표 끊을 때가 가장 설렌다. 여행 가기 전에 해야 할 여행의 준비는 나에게는 괴로운 작업이다. 결혼하고 아이가 있기 전에는 나만 훌쩍 떠나는 것이 허용되었는데, 이제는 아이와 함께 가는 여행에서 발생하는 돌발 상황까지 상상해야 했다. 혼자 다닐 때는 모르는 사람에게 말도 걸고, 펍에도 혼자 가서 친구도 사귀며 여행지에서 겪을 수 있는 일들을 전부 경험해보려고 했다면, 아이와 함께하는 여행은 아무래도 아이에게 집중할 수밖에 없기에 조금 더 안전한 여행을 추구하게 된다. 그리고 안전한 여행은 가끔, 혹은 자주 아이의 짜증과 떼, 혹시나 일어날 사고의 위험에 촉각을 맞추느라 여행의 흥분보다는 긴장을 더 많이 하게 된다.

SNS에 올라오는, 아이와 떠나는 여행 사진은 남들이 보기에만 좋아 보일 뿐 프레임 밖은 그렇지 않을 수도 있다. 그게 바로 '여행의 거짓말'이 아닐까. 그렇다 하더라도 아이와 함께 떠나는 여행은 또 다른 형태로 설렌다. '아이는 어떤 사람과 장소와 시간이 가장 기억에 남을까? 훗날 부모와 함께한 캠핑카 여행의 추억을 떠올리며 어떤 감정을 느끼게 될까?' 궁금했다.

남아 있는 정서의 뒷받침되는 기억을 언제라도 떠올리기 위해서는 기록이 필요하다고 생각했다. 혼자 떠나기로 한 여행이 가족 여행이 되었지만, 여행의 새로운 테마를 찾기 위해 고군분투했다. 결국에는 내가 현재 가장 잘할 수 있는 '기록'으로 여행의 테마를 잡았다. 이 책《여행의 기록》에는 기억을 기록으로 바꾸는 여행을 계획하고, 캠핑 왕초보 가족이 난생처음 캠핑카로 한 달간 유럽 여행을 한 여정이 고스란히 들어 있다. 이 여행기와 함께 여행이라는 풍부하고 새로운 경험을 '사진, 글, 기억'이라는 순간으로 만들어내어 또 한 번의 여행 여정인 '기록'으로 완성하는 여행법을 함께 담아냈다.

3년 전쯤 세계 34개국 방문 경험을 '뒤죽박죽 세계여행기' 라는 제목으로 블로그에 51편을 연재했다. 연재를 위해 25년 전쯤의 기억부터 거슬러 올라가야 했다. 남아 있는 필름 사진 을 꺼내고, 여행 당시의 다이어리를 뒤지고, SNS에 써놓은 글 을 모아 시간의 순서대로, 혹은 생각나는 대로 나만의 여행기 를 작성했다. 과거에 만들어놓은 여행 기록의 소스로 글을 쓰 는데, 나의 인생 전반을 돌아보는 느낌이었다. 머릿속에서만 맴돌던 기억을 뱉어내니 생각만 하고 있었던 이야기가 정리 되고 과거의 상처도 치유되었다.

그 기억으로 1년이 넘게 운영해오고 있는 블로그 글쓰기 챌린지 단체채팅방에 '가장 기억에 남는 여행의 기록'으로 백 일장 주제를 부여했다. 이전의 백일장 주제보다 참여율이 훨 씬 높은 걸 보고 사람들에게는 기본적으로 본인의 역사와 추 억에 대한 기록의 욕구가 크다는 걸 새삼 깨달았다. 글쓰기 구성원들은 다른 사람의 여행기를 읽으며 자신의 여행을 기 록하고자 했고, 기록으로의 여행을 떠나면서 과거의 자신으로 돌아가 그때를 추억하고 그리워하며, 누군가에게 감사해하고, 스스로 치유되기도 하는 듯했다.

나 또한 백일장 참여자들의 '여행의 기록'을 읽으며 그들의 여행 안으로 들어가 자녀가 되고, 엄마가 되고, 배우자가 되어 벅찬 감정을 느꼈다. 다른 사람의 추억과 기억에 대한 기록도 나에게 비슷한 감정을 불러일으킬 수 있다는 걸 깨달았다.

이 책《여행의 기록》이 하나의 불씨가 되어 많은 사람이 본인만의 과거, 현재, 그리고 미래의 여행 기록을 시작하면 좋겠다. 기억은 왜곡되고 사라질 수 있지만, 기록은 나의 역사로 남으니까.

2024년 뜨거웠던 여름의 끝자락에서

차례

Chapter 1

질문으로 시작된 여행

Chapter 2

로망이 현실로, 길 위의 여정들

Chapter 3

기억을 기록으로 바꿔주는 여행 소스들

Chapter 4

기록하면 비로소 보이는 것, 의미

에필로그

도서 인플루언서의 여행 기록법

Chapter 1

질문으로
시작된 여행!

굴이 떠나야 할 이유는 뭘까?

: 경험을 사는 일, 여행

초등학생 아들과 내가 제주에 온 후, 남편은 격주로 제주에 와서 주말을 보내고 올라가는 생활을 한 지 1년이 넘었을 무렵이었다. 내가 육아휴직 중이었기에 남편이 회사를 계속 다니는 건 당연한 일이라고 생각했다. 어느 날 농담 삼아 남편에게 "아이가 만 8세 이후에는 육아휴직을 낼 수 없으니 그전에 휴직을 하는 게 어때?"라고 했다. 아무 말도 하지 않던 남편은 이웃들에게 휴직할 예정이라고 밝혔다.

한창《독서의 기록》출간 준비로 바빴고, 책이 출간되면 잡아놓은 북토크 일정으로 더 바빠질 텐데 아이를 돌볼 일이 걱정이었다. 남편이 휴직을 했으면 좋겠다고 생각했지만 '남편

과 내가 둘 다 경제활동을 하지 않는다면?'이라는 걱정이 한 가득이었다.

처음에는 말도 안 된다고 생각했던 일이 생각을 조금 비틀 자 가능해졌다. 내가 휴직하고 제주로 건너오기 전에도 '월급 없이 1년 8개월을 버틸 수 있을까?'라는 고민으로 망설였는 데, 독서를 하고 파이프라인에 대한 준비를 한 덕에 어떻게라 도 살아진다는 걸 경험했다.

아내의 통 큰 결정을 남편은 기다리고 있었다. 우리는 다 른 남편들이 육아휴직을 하는 걸 보며 부러워만 하고 있었다. 다른 사람의 삶을 보며 그들의 행보를 부러워한다는 건 내가 현재 잡고 있는 것을 놓지 못하기 때문이 아닐까. 결국엔 선 택의 문제였고, 다시 한번 내 선택을 믿어보기로 했다. 안전

요정이 나온다는 크로아티아 플리트비체에서(2013년에 동료들과 함께 가서 찍은 사진)

지대에 머무는 것보다 모험할 때 훨씬 더 값진 것을 얻는다
는 걸 경험으로 알고 있었기 때문이다.

　남편에게 육아휴직을 하면 무엇을 해보고 싶냐고 물었다.
남편은 유럽 캠핑카 여행을 하고 싶다고 했다. 물론 나도 진
심으로 원하는 바였다. 오랜만에 합의점을 찾았다. 캠핑카를
타고 유럽을 다닐 생각을 하니 벌써부터 설렜다. 장밋빛으로
시작한 여행 계획이 잿빛으로 변할지 손톱만큼도 예상하지
못한 채 우리 부부는 '유럽 캠핑카 여행을 가자'라는 목표만
세우고 기뻐했다.

　일단 어느 나라를 가고 싶은지 생각했다. 포르투갈에 가려
다가 제주에 왔으니 포르투갈은 어떨까? 10년도 더 전에 갔

던 크로아티아 플리트비체에 요정을 보러 갈까? 한 달이면 유럽 횡단도 가능하지 않을까? 막연한 꿈만 끝 간 데 없이 불어났다. 그렇게 유럽을 많이 다녀봤으면서도 유럽이 한 나라인 것처럼 생각했다는 걸 깨달은 건 여행을 떠나기 바로 직전이었다.

세 명의 독일 프랑크푸르트 왕복 항공권이 500여만 원이었다. 코로나19가 마무리되는 시점에 엄청 비싸진 것이다. 500만 원…. 항공권 가격의 벽에 부딪혔다. 내가 고민하는 동안 남편이 다른 사이트에서 알아보더니 410만 원이라고 했다. 며칠을 더 고민했다. 가성비를 따지기 시작했다. 아이가 초등학교 2학년이면 여행 가도 좋은 줄 모르고 나중에 기억도 나지 않을 텐데 지금 가는 게 맞을까? 나는 여행의 환상만을 생각하며 다른 사람의 열망을 열망하고 있는 건 아닐까? 진심으로 이 여행을 원하는 것일까?

가야 할 이유보다 가지 말아야 할 이유를 찾아내기 시작했다. 걱정의 중심에 있는 건 돈이었다. 돈 걱정은 하지 말아야 할 이유를 찾아내고 결국에는 주저앉게 만든다. 지금의 내가 그때 고민하는 나에게 조언을 해준다면 "무조건 가라!"고 말해줄 것이다. 여행은 떠나보지 않고는 가치를 알지 못하고, 포기함으로써 남는 건 그때 결정하지 않은 걸 후회하는 나이다.

여행하며 글 쓰는 사람으로 살고 있는 현재의 나(베트남 호치민의 글감옥)

    이 여행을 진정 원하는가에 대한 질문, 그러니까 **여행의 이
유는 시간을 준다고 답이 나오는 게 아니라 지금까지 살아온
나의 삶의 여정 안에서 볼 수 있었다.** '어떻게 살고 싶은가?'
스스로에게 던진 질문에 '**여행하며 글을 쓰는 사람으로 살고**

싶다'라는 답이 이미 나온 마당에 여행을 망설일 이유는 없었다. 다른 사람의 여행기를 읽을 때 내가 그곳에 있는 것처럼 설레는 걸 보면 나는 떠나야 하는 사람이었다.

　남편의 육아휴직과 동시에 육지 집의 전세 보증금을 빼 예금통장에 넣었다. 우리 여행 경비는 1년 후 만기 예정인 예금 이자를 미리 끌어 쓰면 되었다. 예전 같았으면 육지에 전셋집을 빈집으로 두고 전세금을 깔고 앉아 있었을 텐데, 남편을 설득하고 설득해 전세 보증금을 뺀 과거의 나를 칭찬하고, 1년 동안 예금을 깨지 않고 거액의 이자를 손에 쥐게 될 미래의 나에게 미리 감사했다(물론 투자자들은 아까운 돈을 왜 예금에 넣냐고 하겠지만, 공부를 하지 않고 어디에 투자하는 건 특히 나 같은 사람에게는 아주 위험한 일이다). 가장 중심에 있는 돈 걱정은 호리에 다카후미의 《가진 돈을 몽땅 써라》에서 위안을 얻었다. 경험이 돈이 되면 된다.

캠핑카 여행 어때?
: 로망을 현실로

남편이 캠핑사이트를 한참 들여다보더니 견적을 보여줬다. 한 달 캠핑카 대여 비용이 500만 원! 기절할 노릇이었다. 일단 남편을 의심했다.

"우린 세 명인데 너무 럭셔리 캠핑카로 견적 낸 거 아니야?"

나는 한숨을 쉬며, 남편과 컴퓨터 앞에 앉아 캠핑카 종류별로 가격을 확인했다. 함께 들여다보니 욕심이 생겼다. 샤워하고 요리할 수 있는 공간이 컸으면 싶었다. 우리는 3인 가족이지만 4인용으로 설정하고 알아봤다. 3인이나 4인이나 실제 금액 차이는 크게 나지 않았다. 여전히 500만 원 선이었다. 항공료에서 한 번 가로막혔는데 캠핑카에서 또 한 번 장막이 생겼다.

우리는 다시 한번 왜 캠핑카 여행인가에 대해 장단점을 살펴며 진지하게 고민했다. 장점은 여러 가지였다. '복잡한 도시보다 자연에서 힐링할 수 있다, 숙소를 옮겨 다니기 위해 짐을 싸지 않아도 된다, 숙소 예약에 맞춰 여행의 일정을 잡지 않고 여유롭게 다닐 수 있다, 숙소 예약을 따로 알아보지 않아도 된다, 유럽 나라 간 이동이 쉽다, 여행 동선을 자유자재로 구성할 수 있다, 직접 요리를 해 먹을 수 있어 식비 절약이 가능하다, 아이와 어른 모두 캠핑카 여행을 해보고 싶은 로망이 있다' 등이었다.

그에 비해 단점은 '유럽은 길이 좁아 캠핑카가 들어갈 수 없는 곳이 많다, 운전하는 한 사람이 힘들다, 여행 기간이 최소 일주일 이상이어야 한다' 정도였다. 우리는 길이 좁은 도시보다는 자연으로 다닐 예정이고, 남편은 운전을 업으로 삼는 사람인데다, 우리의 여행 기간은 한 달이니 단점은 모두 사라졌다.

그래도 기본으로 돌아가서 남편에게 물었다.

"우리가 캠핑카 여행을 하려는 이유는 뭐야?"

"후회하더라도 캠핑카 여행을 꼭 해보고 싶어서."

그렇지. 우리 부부 모두 캠핑카 여행에 대한 로망이 있었고, 이제 더는 미루고 싶지 않았다. 프랑크푸르트에서 대여하면 하루에 100유로가 싸다는 말에 다른 유럽 나라는 더 비싸겠구나 싶어 며칠을 고민하다 비용을 지불했다.

캠핑카는 네 가지 종류가 있다. **모터홈**은 차량 내부에 주방, 욕실, 침실, 가스레인지 등이 다 갖춰져 있다. **카라반**은 차량과 분리되어 차량에 끌려다니는 이동식 트레일러 숙박 시설이고, 이동식 트레일러 안에는 모터홈과 비슷한 시설이 모두 있다. **캠퍼밴**은 모터홈보다는 작은 스타렉스 같은 밴 크기이다. 이동성이 뛰어나 작은 그룹이나 개인 여행에 적합하고, 대부분 화장실이 없는 것이 특징이다. 마지막으로 **텐트 트레일러**는 주행 중에는 압축되어 있지만 도착해서 차 위에 텐트처럼 설치가 가능한 캠핑카이다.

우리 부부가 품고 있는 캠핑카 이상형은 모터홈이었다. 모터홈에 화장실과 욕실 시설이 있다는 사실 때문이었다. 여행 중에 느꼈지만, 유럽은 캠핑장 샤워 시설이 훌륭해서 노지 캠핑을 하지 않는 이상 화장실과 샤워실이 갖춰진 모토홈보다 캠퍼밴도 괜찮았을 듯하다.

캠핑카 대여 비용이 한 달에 100유로가 아니라 하루에

카라반 / 모터홈(출처/ChatGPT)

100유로 차이가 나고, 항공권도 프랑크푸르트 공항으로 발권했으니 독일에서 캠핑카를 빌리기로 했다. 프랑크푸르트에서 캠핑카를 타고 가고 싶은 유럽 나라로 가면 된다. 유럽은 하나의 대륙이니까.

원래는 포르투갈로 가려고 했다. 한 번도 가보지 않은 유럽 나라 중 가장 가고 싶은 나라였다. 캠핑카를 빌리는 곳에서 포르투까지 구글 지도를 찍어보니 가장 가까운 거리가 2,100km였다. 남편과 놀란 토끼 눈으로 서로를 바라보았다. "그럼 크로아티아 플리트비체는 어때?" 거기까지는 1,000km였다. 유럽은 하나의 대륙이니까 프랑크푸르트에서 프랑스를 거쳐 포르투갈에 갔다가 스페인을 통해서 다시 프랑크푸르트로 올라오는 일정, 혹은 독일에서 오스트리아를 거쳐 크로아티아 플리트비체에서 두브로브니크까지 갔다가 다시 오스트리아와 스위스를 거쳐 올라오면 되겠다고 머릿속으로 지도를 그리며 이리저리 궁리했다.

물론 한 달의 시간으로 포르투갈까지 다녀올 수도 있고, 크로아티아도 들를 수는 있다. 실제로 유럽 여행 인터넷 카페를 살펴보면 그렇게 이동한 사람들이 있다. 매일 캠핑카를 운전하고 거의 하루에 한 번 장소를 이동한다면 가능했다. 하지만 우리 부부는 여유 있는 여행을 하고 싶었다. 좋은 캠핑장이 있으면 있고 싶은 만큼 있기도 하고, 더 머물고 싶은 도시가 있다면 다음 이동 장소에 얽매이지 않아야 한다.

그러고 보니 우리 부부는 다른 건 다 안 맞아도 여행에 대한 이상은 같았다. 복잡한 도시보다는 풍경을 볼 수 있는 자연일 것, 박물관이나 미술관보다는 캠핑장일 것, 여기저기 찍는 여행보다는 여유가 있을 것. 그러면 장거리 여행은 맞지 않는다.

우리 부부는 현실로 돌아와서, 독일에서 갈 수 있는 최단 루트를 생각하기로 했다. 처음에 남편은 포르투갈까지 2,100km를 운전할 수 있을 것 같다고 했지만, 그러면 여유

남편과 함께 갔던 2013년 스위스 여행 사진. 여행 당시 남편과 인터라켄 한복판에서 대판 싸웠던 기억이 난다(취리히 / 융프라우).

있는 여행을 할 수가 없다. 나도 크로아티아 두브로브니크까지 가고 싶었지만 그 거리도 만만치 않다. 결국 여행할 나라는 독일, 스위스, 오스트리아로 좁혀졌다.

유럽 캠핑카 여행에서 '유럽 알프스 캠핑카 여행'으로 카테고리가 좁혀졌다. 스위스 알프스를 중심으로 프랑스 몽블랑, 시간이 되면 이탈리아 돌로미테까지 갔다가 오스트리아 첼암지에 들른 후 독일로 돌아오는 일정으로 대강의 루트를 잡았다. 나의 유럽 여행 계획의 루트에 있지도 않았던 스위스가 이렇게 주요 여행지가 되어버린 상황은 웃기기도 했지만, 이게 바로 여행 준비의 묘미가 아닐까(둘 다 MBTI 극P형임이 드러난다).

나는 스위스가 세 번째다. 첫 번째는 첫 직장에서 해외 영업 사원으로 3개월 파견 나갔을 때 스위스 베른에서 열리는 자동차 부품 전시회에 가는 김에 취리히까지 묶어서 다녀왔다. 두 번째는 결혼 후 슬로바키아 출장을 갔을 때였다. 마침 남편이 다니는 자동차 회사 유럽 임원의 차가 스위스 언덕에서 서는 바람에 엔지니어인 남편이 스위스로 긴급 투입된 적이 있었다. 함께 출장 갔던 부서장님이 주말에 스위스에 가서 남편과 결혼 1주년 기념 여행을 하라고 보내주었다.

이미 두 번을 다녀왔다고 해서 그 나라를 다 가본 것도, 모두 경험한 것도 아니니 가족들과 함께하는 캠핑카 여행에 의미를 두고 스위스를 중심으로 여행하기로 했다. 유럽은 하나의 대륙이지만 한 달 사이에 가고 싶은 모든 곳을 돌아볼 수 없다는 것도 드디어 터득했다. 지금 돌아보면 캠핑카 여행으로 스위스를 선택한 건 탁월했다. 9월의 스위스는 여름, 가을, 겨울 세 개의 계절을 모두 경험할 수 있는 기간이었고, 철저하게 계획하지 않아도 우리가 처음 해보는 캠핑카 여행은 즐겁고, 매 순간이 잊지 못할 추억이 되리라는 걸 나는 이미 알고 있었다.

마음처럼 될까?
: "기록"이라는 여행 테마

첫 책《독서의 기록》을 출간하기 전부터 나의 다음 책은 어떤 책이 될지 고민했다. 북토크를 20여 차례 하면서 유럽 캠핑카 여행 얘기를 하자 독자들은 다음은 여행에 관한 책이냐며 궁금해했다. 다음 책은 독자에게 더 감동을 주어야 한다는 부담이 마음을 무겁게 했다. 여행하는 동안 무엇을, 어떻게 즐길까보다 여행의 콘셉트를 어떻게 잡아야 할지에 집중했다.

심리학의 대가인 구스타프 융은 스위스 사람이고, 알프레드 아들러는 오스트리아 사람이니 심리학 여행으로 콘셉트를 잡을까, 독일의 유명한 철학자인 괴테와 니체의 스위스 발자취를 따라가볼까 하며 거창한 여행을 기획하려 했다. 하지만 이조차도 깊이가 없었기에 불가능했다. 유명한 대문호들의 발자취를 찾으려면 이미 공부를 끝내고 원고는 나와 있어야 했다. 임경선 작가는《나 자신으로 살아가기》에서 여행 중 글을 쓸 수 있다는 생각을 버리고, 여행을 가기 전에 원고를 완성하고, 여행지에서는 이미 쓴 원고를 검증해야 한다고 했다. 이 책을 읽을 무렵이 여행 가기 두 달 전이었고, 읽으면서 콘셉트를 잡고 원고를 쓰고 가야지 했는데 아무 준비 없이 시간은 흘러가버렸다.

독서와 목표에 관해 쓰고 말하고 다녔기 때문에 여행을 하는 것도 명확한 목표가 있어야 한다는 강박을 갖기 시작하자 캠핑카 여행 준비가 즐겁지 않았다. 여행 관련 책들을 도서관에서 10권씩 빌려 쌓아놓고 읽지는 않았다. 남들이 갔던 여행은 따라하고 싶지 않다는 고집도 생겼다.

빌려온 여행 가이드 책을 읽지 않고 반납하며 **이번 캠핑카 여행의 테마를 결정했다.** '기록하는 여행'이다. 여행 중에는 온전히 여행에 집중해야겠지만, 기록 여행인 만큼 기록의 소스를 매일 만드는 게 중요했다. 완벽하지 않아도 되었다. 함께 떠나는 여행이니 세 사람 모두 기록하자고 했다. 나 혼자서 정한 기준이라 나머지 두 명의 가족 구성원이 따라줄까 염려도 되었지만, 일단은 밀고 나가기로 했다. 아이는 학교에서 과제로 매일 일기를 쓰는 게 습관이 되어 있다. 여행 가서 매일 일기를 쓰면 체험학습서를 대신할 수 있어서 일거양득이다.

'남편은 내가 기록하자고 하면 따라줄까?'

문득 여행지에서 기록하지 않는 남편을 닦달하는 나의 이미지가 머릿속에 그려졌다. 머리를 흔들었다. 잔소리를 듣는 사람도 짜증이 나겠지만, 약속한 걸 왜 하지 않느냐고 잔소리하는 것도 큰 스트레스다. 남편은 더군다나 글을 써본 적이 없는 사람인데 과연 내 제안을 받아들일까?

고민 끝에 부담스럽지 않은 과제를 주기로 했다. 바로 '영수증의 기록'이다. 여행에서 본인이 계산하는 걸 좋아하는 남편에게 딱 맞는 과제였다. 돈을 본인이 관리하며 쓰고 싶은 대로 쓰고, (물론 나의 감시를 받아야 하겠지만) 영수증을 노트에 붙여 간단히 메모만 하면 되었다. 남편에게는 "이번 여행의 콘셉트는 기록이니 우리 셋 모두 기록을 해야 한다, 아이에게만 기록하라고 할 수는 없고 부모가 모범을 보여야 한다, 나도 아이 옆에서 기록할 예정이다, 아빠도 기록하는 모습을 아이에게 보여주도록 하자"라고 하니 의외로 쿨하게 받아들였다.

인터넷에서 튼튼하고 두꺼운 세 권의 노트를 주문했다. 아이와 나는 노란색, 남편은 초록색. 그리고 가장 중요한 포토 프린터를 주문했다. 휴대폰과 블루투스로 연결하면 한 장의 인화지에 8장까지 사진을 뽑을 수 있었다. 나의 계획은 매일 찍은 사진 중에 가장 마음에 드는 사진을 골라 여행의 기록장에 붙이고 그날의 기록을 하는 것이었다. 다른 건 몰라도 이건 꼭 해야 하는 필수 과제였다. 자르고 붙여야 하니 가위와 풀도 챙겼다. 가장 중요한 여행 준비는 확실히 했다.

나의 첫 책《독서의 기록》은 나에게 꾸준히 기록하는 사람이라는 정체성을 스스로 만들어주었다. 독서를 하고 매일 독후 에세이라는 형태로 글을 쓰니 독서의 기록이 쌓이며, 끈기가 없다는 나에 대한 부정적인 이미지를 지울 수 있었다는 내용을 담고 있다. 기록은 독서 후에만 할 수 있는 건 아니다. 대화, 성공, 목표, 취향, 운동, 여행 등 다양하게 기록할 수 있다. 특히 여행의 기록, 초등학교 2학년과 함께 떠나는 캠핑카 여행에서 세 명의 가족 구성원이 하는 여행의 기록이 쌓이면 가족의 역사가 된다. 가족 역사의 기록이 있으니 여행의 다른 의미를 만들어내지 않아도 되었다.
무엇보다 여행 중에 하는 기록은 소스에 불과하지만, 여행이 끝난 후 다양한 기록을 이용해 여행을 재구성하고 의미를 다시 돌아볼 수 있다는 점에서 '기록'을 여행의 테마로 잡았

가족의 기록이 하루하루 쌓여 역사가 되었다.

다. 사람들에게 여행의 기록을 어떻게 하냐고 물어보면 여행
작가가 아닌 이상 대부분 블로그에 남기는 기록이 전부라고
했다. 블로그에 여행의 기록을 남기는 사람은 그나마 기록이
쌓이고 있지만, 여행 중 찍은 사진과 기억은 기록하지 않으면
감정만 남고 휘발되거나 왜곡된 기억을 갖게 된다. 나 또한
그런 사람 중 하나였다. 하지만 이번 도전을 통해 아이와 함
께하는 여행이 그저 즐기기만 하는 소비에서 끝나지 않고 기
록을 통해 가족의 역사로 남겨 하루하루가 완성되는 삶을 꾸
려나가볼 참이다. 더 의미 있는 여행을 위한 나의 도전은 이
렇게 시작되었다.

약속대로 될까?

: 원칙과 다짐

내가 아닌 타인과 여행을 떠난다는 건 동행하는 사람이 가족이라고 해도 쉬운 일은 아니다. 여행을 좋아하는 건 남편과 내가 가장 맞는 부분이다. 다녔던 회사의 사내 익명 게시판에 자신은 여행을 좋아하지 않는데 배우자가 계속 여행을 다니자고 해서 너무 싫다는 고민이 올라온 적이 있었다. 댓글에는 '가족의 의미가 무엇인지 생각해봐라, 본인이 싫다고 해서 고집을 부리는 건 이기적인 행동이지 않냐, 나도 여행을 좋아하지 않는데 이해가 된다' 등 다양한 의견이 있었다. 어떤 직원은 본인은 여유로운 여행을 좋아하는데, 배우자는 엑셀로 여행의 스케줄을 촘촘하게 계획하여 함께 다니는 게 너무 피곤하다고 했다.

여행이 자기 삶의 한 부분이라고 생각한다면, 배우자와 여행의 취향이 맞지 않는 건 큰 고민이 될 수 있다. 다행스럽게도 남편과 나는 여행 자체도 좋아할뿐더러 여유 있는 여행을 지향한다. 하지만 여행지에서 사소한 일로 다툼이 잦았고, 뒤끝이 오래가서 즐거워야 할 여행이 재앙이 되었던 적도 종종 있었다. 코로나19 때 남편과 재택근무를 하며 종일 함께 있던 시기가 있었다. 그때 가족이라 하더라도 오랜 시간 함께 붙어 있는 건 쉬운 일이 아님을 뼈저리게 경험했다. 짧은 여행이 아니라 한 달이라는 긴 호흡의 여행을 잘할 수 있을지에 대해 걱정이 앞섰다.

한 달, 24시간을 온전히 붙어 있어본 적 없는 세 명의 가족 구성원이 함께 여행하기 위한 원칙이 필요했다. '서로 아끼고 사랑하라' 같은 추상적이고 낯간지러운 원칙이 아닌, 여행지에서 발생할 수 있는 상황에 대한 대응 원칙을 정했다.

첫째, 다툼이 있을 시 바로 화해한다. 결혼 생활에서 가장 중요한 건 싸움을 한 후 하루를 넘기지 말아야 한다는 원칙인데, 남편과 나는 이 부분이 지켜지지 않았다. 부부 싸움 후 일주일은 기본이었고, 한 달에서 다섯 달까지 서로가 투명인간이 되어 지낸 적도 있었다. 본격적으로 독서와 글쓰기를 시작하면서 우리 부부 사이에 선순환이 일어나 예전처럼 심각하지는 않았지만, 그래도 개선이 필요했다. 여행 중에는 다투지 않는 것이 최선이라는 걸 알고 있었다. 가족이지만 전혀 기질이 다른 사람끼리 여행할 때 일어나는 다툼은 필수불가결하다. 우리 부부에게는 가장 어려운 원칙이었다.

"우리 사이좋게 지내자", "여행 중 싸우지 말자" 이렇게 말하는 건 지키지 못할 약속이 될 것 같았다. 공식적인 원칙은 아니었지만, 내 생일이었던 8월에 물질적인 생일선물은 필요 없으니 캠핑카 여행에서 나를 여왕 대접해달라고 농담으로 요청했다. 속으로는 '되겠어?' 했다.

둘째, 아이의 의견을 존중한다. 아이가 어릴 때 길게 가는 여행은 주로 부모의 취향에 의해서 결정된다. 나와 남편은 복잡한 도시보다는 자연에서 여유로운 여행을 선호하기 때문에 유럽 캠핑카 여행을 선택했다. 반면, 아이 학교의 한 친구는 영국 런던 중심지로 숙소를 선택하고 한 곳에 오래 머물면서 박물관이나 미술관을 관람하는 걸 한 달 일정으로 잡았다고 했다.

여행지를 선택하고 기획하기에는 어리지만, 최소한 여행지로 선택한 곳의 유명한 장소, 음식, 역사 등을 아이가 미리 알아보고 리스트를 만들 수는 있다. 아이가 찾아본 장소를 모두 갈 수는 없었지만, 여러 곳을 방문하면서 아이 자신도 가족 구성원의 여행에 도움이 되었다는 사실에 자신감을 가지는 기회가 되었다.

여행지 선택은 부모가 했지만, 여행지에서 하고 싶은 소소한 요구는 적극 수용하려고 노력했다. 특히 여행 초반 멘리헨의 젖소 놀이터를 마음에 들어 했던 아이는 여행지마다 놀이터를 찾아달라고 했다. 그래서 숙소를 정하거나 관광지를 갈 때면 구글로 놀이터를 검색해서 아이가 놀이터에서 놀 수 있는 기회를 조금이라도 더 주려고 했다.

셋째, 유명한 장소가 아니라 더 머물고 싶은 곳에서 유연한 결정을 한다. 유럽 캠핑카 여행을 결정하면서 한 달 일정이 길다고 생각하여 동선을 길게 잡고, 유명한 장소를 모두 가볼 계획을 했다. 하지만 기본으로 돌아와서 캠핑카 여행을 하려고 하는 이상 하루씩 이동을 하는 건 길에서 시간을 낭비할 뿐더러 여유로운 여행이 될 수 없다고 생각했다. 좋은 곳에서 더 머물기로 남편과 협의를 했다. 이런 건 참 잘 맞는다.

머물고 싶은 곳에서는 더 머물기를 실행한 곳(생모리츠 피츠 나이어 / 인터라켄)

넷째, 무슨 일이 있어도 하루의 끝에서는 기록을 한다. 여행의 테마를 기록으로 정했으니 당연한 일이겠지만, 여행하며 긴장한 하루를 끝내고 피곤한 상태에서 기록한다는 것이 쉬운 일은 아니다. 하지만 사진으로 기록의 소스를 남기고 매일 여행의 키워드를 노트에 적어놓으면 다녀온 뒤에 여행을 마음껏 재구성할 수 있다.

이렇게 네 가지 원칙을 정하고 나니 여행이 살짝 비장해지는 것 같지만, 목표와 원칙이 있으면 원하는 대로, 혹은 비슷하게나마 결과가 나올 것이다. 하지만 결과가 나오지 않아도 괜찮았다. 여행의 목적은 나의 결핍을 채우고 단단하게 만들기 위해 의외성을 즐기는 일이기 때문이다.

여행이 끝난 후 정해놓은 여행의 원칙을 점검했다. 다툼이 있을 시 바로 화해한다는 원칙은 남편의 태도로 가능했다. 낯선 곳에서의 불안함을 짜증으로 발현한 나에 비해, 다툼이 생긴 후 남편은 언제 다퉜냐는 듯이 부드럽게 말을 걸었다. 처음 있는 일이어서 당황스럽고 놀랐지만, 남편의 그런 태도는 여행하는 동안 나에게 안정감을 주었다.

그뿐 아니라 남편은 요리, 설거지, 커피콩 갈아서 라떼 타주기, 세탁 등 거의 모든 일을 도맡아했다(물론 다음 장소를 정하고 지도를 보는 일은 내가 했다). 평소 나의 모습을 사진으로 찍어주는 일은 결코 없었고, 등 떠밀려 찍더라도 하나, 둘, 셋 없이 대충 애정 없는 사진을 찍기 일쑤였는데, 여행 내내 부담스러울 정도로 내 사진을 열심히 찍어주었다.

이 책을 쓰면서, 너무 궁금해서 남편에게 여행지에서 왜 그렇게 잘해주었는지 물었다. "생일선물로 여왕 대접 해달라며…." 소원이 이렇게 쉽게 이루어질 줄 알았다면 평소에도 여왕처럼 대해달라고 할 걸 그랬다.

아이의 의견을 존중한다는 원칙 또한 잘 지켜졌다. 아이가

여행의 마무리는 '집라인 있는 놀이터 찾아다니기'

골라놓은 유명한 장소의 반 이상을 방문했고, 캠핑장 선택이나 여행의 마무리는 아이의 요구에 따라 근처에 집라인이 있는 놀이터를 찾는 시도를 했다.

　더 머물고 싶은 곳에서 있고 싶은 만큼 있겠다는 원칙은 반만 지켜졌다. 스위스 인터라켄과 생모리츠에서는 하루 정도 연장했지만, 프랑스 샤모니 몽블랑이나 마터호른에 갈 수 있는 체르마트에서는 비에 쫓겨 서둘러 다른 곳으로 이동했기 때문이다.

마지막으로 무슨 일이 있어도 기록한다는 원칙은 완벽하게 지켜졌다. 가장 중요한 원칙이기도 했고, 아이만 하는 기록이 아니라 엄마와 아빠가 여행할 때 찍은 사진을 함께 보고, 사진으로 인화해서 노트에 붙이는 과정을 함께 하니 여행의 하루를 마무리하는 즐거운 리추얼이 되었다. 무엇보다 하루에 3만 3천 보를 걷고도 기록하고 잔 우리 가족의 강인한 정신력을 칭찬한다.

떠나기 전 여행의 원칙을 세우니 다툼도 적었고, 매일 기록하는 걸 빼먹지 않아 다녀와서 요긴한 여행의 기록 소스로 활용할 수 있었다.

즉흥과 계획 사이?
: MBTI P의 여행 계획

"P형들의 여행은 어때요?"

작가 공저 모임에서《아이와 함께 여행하는 6가지 방법》등 다양한 여행서를 출간한 김춘희 작가가 호기심 가득한 얼굴로 물었다. 여러 권의 여행책을 이미 내신 분이고, MBTI J형의 장점을 발휘해 철저한 계획으로 여행을 다니는 본인은 P형들의 여행이 궁금하다고 했다.

지난 스위스 캠핑카 여행이 어땠는지 다시 떠올려보았다. 비행기 표와 캠핑카만 예약한 상태에서 마지막까지 여행지를 선택하지 못해 갈팡질팡하다가 여행 일주일 전에 갈 나라를 정했다. 현지에 도착해서는 사촌동생 부부의 추천을 받아 즉흥적으로 다음 갈 곳을 결정하고, 캠핑장은 그때그때 구글 지도로 찾아서 옮겨 다녔다. '여행을 너무 날로 다니는 거 아니야?'라는 생각에 미치자 "가고 싶은 곳을 그때그때 결정해서 다니다가 좋으면 그곳에서 더 머물러요. 하지만 여행 계획을 짜지 않았다는 죄책감과 무엇인가 놓치고 있는 것 같은 마음이 들 때면 괴롭죠"라는 대답이 나왔다.

나는 무엇을 놓쳤을까?

아이를 낳고 7개월 만에 네덜란드 출장 장기 프로젝트를 간 적이 있다. 장기 출장자는 프로젝트를 마치고 출장지를 공식적으로 여행할 수 있었는데, 네덜란드 프로젝트가 마무리되는 시점이 남편의 휴가 기간과 겹쳤다. 친정어머니가 두 살 아이를 봐주시고 남편이 네덜란드로 왔다. 그때 우리는 렌터카로 네덜란드를 통과해 프랑스 북부를 열흘간 돌았다. 계획은 없었다. 호텔 포인트를 사용할 수 있어서 해당 호텔이 있는 도시에만 입성하면 되었다.

익숙하지 않은 프랑스 북부 지역의 최종 목적지는 바로 몽생미셸이었다. 〈라푼젤〉, 〈하울의 움직이는 성〉의 모티브가 된 수도원인데, 예전 직장동료가 다녀와서 찍은 사진을 보고 몇 년간 마음에 두고 있던 곳이었다. 그래서 다른 지역에 크

직접 가본 몽생미셸 사진 / 그곳에서 구입한 거리 화가가 그린 그림

게 관심을 두지는 않았고, 그때그때 구글 지도를 보며 갈 곳을 정했다. 아름다운 항구 도시들을 걷고, 날씨와 어우러진 환상적인 들판에서 안구를 정화했다. 맛있는 음식을 먹고, 해변을 걸으며, 가끔 '남편과의 여행은 다시는 하지 않으리' 다짐도 했었다.

몇 년이 흐르고 '라울 뒤피'라는 나의 취향 저격 화가를 알게 되었는데, 그가 살았던 '르아브르'라는 도시를 패스하고 옆 도시인 옹플레르만 방문했다는 걸 깨닫고는 여행 준비를 하지 않은 것을 처음으로 후회했다. 내가 느낀 감정은 바로 '놓쳤다'였다. 하지만 돌이켜 생각해보면 여행의 모든 것을 계획하는 사람들도 놓치는 것이 있기 마련이고, 그건 놓쳤다기보다는 '다음을 기약한다'라는 의미로 받아들일 수도 있다.

그래도 여행을 떠나기도 전에 다음을 기약하는 일은 또 다른 스트레스로 다가왔다. 뭐라도 준비를 해야겠다는 생각을 하고 있는데《여행 준비의 기술》이라는 책을 만났다. 여행을 떠나겠다고 해놓고 준비를 하고 있지 않아 스트레스를 받던 차에 여행 준비의 동기를 유발한 책이었다. 이 책에서 박재영 작가는 가고 싶은 곳이 있으면 구글 지도에다 별표를 찍고, 가장 별표가 많이 찍힌 곳을 다음 여행지로 선정한다고 했다. 나보다 계획을 더 힘들어하는 P형인 남편에게 여행 준비를 일임하는 것보다 일단 무엇을 해야 할지에 대해 고민하고 남편과 의논했다(실은 별표를 찍으라고 강요했다).

여행 준비 전문가의 조언에 의욕을 되찾고 구글 지도에 별표를 찍는 일부터 시작했다. 일단 절판되어 중고로 산 양영훈 작가의《알프스 자동차 여행 66》에 나온 지역을 구글 지도에다 별표를 찍었다. 별표를 찍은 후에는 무엇을 해야 할지 다시 막혔다. 실은 유럽 캠핑카 여행을 가겠다고 해놓고 우리 부부는 어떤 목적으로, 무엇을 보고 싶은지, 어떤 여행을 하고 싶은지에 대해 충분히 의논하지 않았다. 여행 지역도 포르투갈에서 크로아티아로, 크로아티아에서 오스트리아로, 오스트리아에서 스위스로 계속해서 변경되었고, 여행의 목적도 갈피를 잡지 못했다. 출발 날짜가 가까워졌다. **여행의 설렘이 여행의 두려움으로 둔갑하고** 있었지만, 머릿속으로는 여행 중 일어날 즐거운 일들만 생각하기로 했다.

　가려고 하는 여행지의 영상이나 다른 사람의 여행기, 여행 책자를 보려 하지 않는 나만의 이유가 있다. 나에게 있어 여행은 몰랐던 지식을 머리에 집어넣기 위함이 아니다. 스위스 여행 준비를 하며 나에 대해 확실히 알 수 있었다. 나는 여행지에서 경험할 수 있는 의외성을 좋아하는 사람이다. 난관에 부닥쳤을 때 어디선가 갑자기 뛰쳐나와 도와주는 사람들, 평소에는 보이지 않다가 위기의 순간에 내 머릿속을 번뜩이고 지나가는 아이디어들도 흥미롭고 흥분된다.
　무엇보다 너무 많은 정보 속에서 무엇을 꼭 보고 경험해야 하는지 몰라 길을 잃는 느낌을 좋아하지 않는다. 꼭 해야 할 것의 리스트를 만들고 전부 경험하지 못했을 때의 박탈감 또한 느끼기 싫었다. 다시 한번 나에게 있어 **여행이란,** 여행지에서의 신선한 의외성이라고 정의 내렸다. 내가 잘 짜지 못하는 여행 계획은 다른 사람에게 부탁하면 되었다.

대학 시절, 잠잘 곳만 있으면 저절로 다른 모든 것이 이루어지는 여행을 해본 적이 있다. 경주 여행을 가고 싶다고 생각했던 대학교 2학년 봄, 경주대학교 여행 동아리 대표 이메일을 찾았다. 이메일을 써서 서울에 있는 여대생인데 혼자 경주 여행을 가고 싶으며, 익숙하지 않은 곳이라 혼자 여행하는 게 겁나는데 숙박을 제공해줄 수 있느냐고 무작정 들이댔다.

친절한 경주대학교 여행 동아리 학생들 덕분에 3박 4일 동안 편안한 잠자리가 제공되었고(경주대학교 평강공주네 집이었다), 경주에서 불국사, 석굴암 이외에도 남산을 포함해 꼭 봐야 할 유적지를 정리한 프린트물까지 얻을 수 있었다. 그 당시 나는 호텔 관광 쪽으로 진로를 바꾸고 싶어 고민했는데, 동아리 학생들은 내게 진로 상담까지 해주었다. 내가 잘하지 못하는 부분이라면 잘 아는 사람, 혹은 여행 준비를 즐겨 하는 사람의 도움을 받으면 어떨까 했다. 그 사람이 여행을 함께 가는 나의 아이가 될 수도 있지 않을까?

캠핑카 여행 일주일 전, 주요 여행지를 스위스로 정했다. 초등학교 2학년 아이도 여행 준비를 함께 하게 해야겠다고 생각해서 태블릿을 넘겨주었다. 아직은 인터넷을 조회해서 블로그를 살펴보며 조사를 할 시기는 아니라고 생각해서 유튜브를 보며 스위스에서 가야 할 관광지와 먹어야 할 음식을 조사하라는 임무를 부여했다. 아이는 비장하게 A4 용지를 한 장 준비하더니 열심히 유튜브를 보며 이것저것 적었다. 유튜브 마이크를 이용해서 "스위스 가볼 만한 곳"이라고 말하면 유튜브가 해당 영상을 띄워주었다.

임무를 부여할 때만 해도 별 기대를 하지 않았는데 의외로 가족 세 명 중 여행 준비를 가장 잘하는 사람이 되지 않을까 싶은 기대주로 떠올랐다. '초등학교 2학년이 이게 되네?' 싶었고, 가족 모두가 기록하는 여행이 테마가 될 수 있겠다는 확신이 들었다. 참견하지 않고 두자 아이는 가고 싶은 여행지를 기록하는 것으로 A4 한 장을 가득 채웠다. 들어본 장소도 있었고, 처음 듣는 장소도 있었다. 아이가 조사한 장소는 대부분 도시라서 캠핑카 여행을 하는 우리와는 조금 맞지 않겠다고 생각했지만, 폭풍 칭찬을 하며 종이에 적은 장소를 꼭 가보자고 엄마 호들갑을 떨었다. 뿌듯한 표정을 짓는 아이를 보며 성취감을 준 것 같아 '이게 바로 산 교육이지' 하며 혼자 흐뭇해했다.

아이와 함께 나도 유튜브에서 영상을 찾아봤다. 최근에 〈EBS 세계테마기행〉에서 '스위스 여행' 편이 4부작으로 방영되었다는 걸 알고 그거라도 보고 가자 했다. 집에 TV가 없으니 셋이 컴퓨터 모니터 앞에 나란히 앉아서 하루에 한 편씩 보았다. 아이는 연속으로 보고 싶어 했지만, 여행 준비의 벽에 부딪혀 더 격렬하게 아무것도 안 하고 싶은 나 때문에 내가 없는 틈을 타 아빠와 나머지 두 편을 먼저 보았다고 했다. 영상 촬영을 잘한 덕분이기도 했지만, 〈EBS 세계테마기행〉에 나온 스위스의 모습은 비현실적으로 아름다웠다. 네 편에 나온 장소를 모두 갈 수 있을 거라는 생각은 하지 않았지만, 생모리츠에서 이탈리아 티라노까지 연결된 파노라마 기차인 베르니나 익스프레스는 꼭 타고 싶었다.

목표는 구체적이어야 하는 것처럼 가고 싶은 곳, 여행지에서 하고 싶은 것도 모두 하려고 하지 말고 몇 개만 적어보는 게 좋겠다고 생각했다. 지나고 보니 아이가 유튜브를 보며 구체적으로 적은 여행지를 꼭 가야겠다며 움직인 것은 아닌데, 여행이 끝날 무렵 확인해보니 대부분 포함되어 있었다.

아이는 초등학교 2학년 겨울방학 때 아빠와 둘이서 치앙마이 여행을 다녀왔는데, 가기 전에 유튜브를 보며 태국 여행 가서 꼭 먹어야 할 음식을 약 20가지 적었다. 마찬가지로 악어 고기를 포함해서 아이가 종이에 적은 음식 대부분을 먹고 왔다고 한다.

파워 P형인 우리 가족과는 대조적으로 가족 구성원 네 명이 모두 MBTI J형인 이모네는 여행할 때마다 가족이 돌아가면서 PPT와 노션에 여행 루트, 숙소, 해야 할 것들, 맛집, 이동 경로, 경비 예산을 작성하고, 여행 가기 전 가족회의를 몇 번이나 한다. 나의 강력 추천으로 올해 9월 프랑스 북부 여행을 계획한 이모의 PPT 계획서를 보니 이미 여행을 다녀온 것 같은 느낌이었다.

이렇게 완벽하게 준비하는 J형들은 '아는 만큼 보인다'의 여행을 할 수 있는 큰 장점이 있다. 나도 몇 번의 여행 경험이 쌓이면 철저한 계획형을 흉내 내는 여행 계획을 짜서 J형의 여행을 경험해볼 예정이다. 물론 계획한 가운데서도 여행의 의외성을 즐기는 것은 놓치지 않을 것이다.

P형의 여행은 항공권, 캠핑카 렌트만 먼저 한다. 때로는 아이의 눈높이에서 찾은 여행 계획을 믿어본다. 그리고 가고 싶은 나라와 도시를 큰 그림으로 잡고, 여행하면서 그때그때 대처하며 일어나는 이벤트의 의외성을 감사함으로 대처한다. **여행의 완성은 계획이 아니라 기록이니까.**

왜 이렇게 안 해?
: 불안이 만들어낸 트집

평소 같으면 항공권, 숙소를 비롯한 여행의 준비를 내가 다 했겠지만, 출간하고 바쁘다는 핑계로 모든 준비를 남편에게 일임했다. 어디를 가고 싶은지 확실히 정하지 않았으니 어떻게 준비를 시작해야 할지 서로 몰랐던 시점이었다. 하지만 나는 괜히 남편에게 "여행 계획은 잘 짜고 있냐, 관광지는 어디를 갈 거냐, 캠핑장은 정했냐" 등등을 시시때때로 물었다. 남편은 "보고 있어"만 반복했다.

여행 두 달 전에는 남편과 구글에 공용 파일을 만들어 체크리스트를 만들자고 했다. 교통, 금융, 숙박, 여행 전 점검, 사야 할 음식, 의복, 준비할 캠핑용품으로 카테고리를 나눠서 준비물 항목을 적었다. 구입해야 할 것들을 적고, 담당자를 적었다. 네이버 유럽여행 카페에는 고수들이 많았다. 캠핑장 리스트를 좌표까지 찍어서 꼼꼼하게 정리해둔 사람도 있었다. 90일간 총 63개의 캠핑장에서 숙박을 한 여행 계획의 고수였다. 남편은 리스트를 그대로 복사해 여행 준비 공용 파일에 붙였다.

여행을 기록하는 데 중요한 것 중 하나는 바로 여행 경비를 업데이트하는 것이다. 다른 시트에는 항공권, 캠핑카 렌트, 여행 준비물 등 실제로 발생한 명세를 정리하기 시작했다. 남편은 물품을 구입하고, 개인의 카드값까지 합쳐서 비용을 말하는 경우가 잦기 때문에(일부러 그러는 건 아닌 것 같다), 구입한 정확한 금액을 적어달라고 종용했다. 여행 계획은 딱 거기까지였다. 신년이 되어 적기 시작하는 다이어리를 두 달도 못 채우고 1년이라는 세월이 훌쩍 지나버리기를 반복하는 것처럼, 우리는 여행 계획을 마무리 짓지 못했다.

여행이 2주일 앞으로 다가왔다. 여행 바로 직전까지 북토크를 하고, 작가들을 만나고, 한석준 아나운서의 온라인 북토크를 개최하고, 김재용 작가의 신간 북토크에 참여하느라 눈코 뜰 새가 없었다. 잠시 짬을 내 차분한 여행 준비의 시간을 가져보기로 했다. 남편과 함께 설레는 마음으로 한라수목원에 있는 카페에 갔다. 여행 준비하는 걸 영상으로 기록하기 위해 휴대폰 삼각대도 가지고 갔다. 휴대폰 동영상 녹화를 켜놓고 여행 계획을 짜기 시작했다.

여행지는 스위스를 포함한 알프스로 정해졌다. 책에 나온 장소를 위주로 구글 지도 위에 50군데 이상 별표를 나눠서 찍고 서로의 구글맵을 공유했다(여기까지는 좋았다). 그런데 독일, 스위스를 포함한 유럽 캠핑장 연합에서 나오는 ACSI 카드를 발급받아야 할인이 된다고 했는데, 카드 발급은 유럽에서 오프라인으로만 받을 수 있었다. 남편은 그런 카드가 있다고만 생각하고 발급을 서둘러야 한다고까지는 생각하지 못했다. 아무도 얘기해준 적은 없지만, 남편은 무턱대고 온라인으로 발급받을 수 있다고 믿고 있었다.

나는 흥분해서 유럽 캠핑카 여행 준비를 하는 데 확인하는 건 기본이 아니냐고 따졌다. 여행 계획이 아무것도 이루어진 게 없는 것도 화가 났지만, 매번 내가 진두지휘를 하게 되는 것 같아서 더 화가 났다. '내가 여행 준비를 좋아하고 잘하는 사람이라면 행복하게 내가 다 알아서 하겠지만 나도 P형이란 말이다!'라고 소리치고 싶었다. 한참 동안 남편에게 잔소리하고 나서야 휴대전화 동영상이 촬영되고 있다는 걸 깨닫고는

남편과 한라수목원에서 여행 준비 중. 양영훈 작가의 《알프스 자동차 여행 66》에 나오는 장소를 구글에 저장했다.

서둘러 동영상을 껐다. 즐거운 마음으로 여행 준비를 하려고 신선한 공기를 마실 수 있는 한라수목원 카페까지 왔는데 기분을 망쳤다.

다른 사람과는 그냥 지나갈 일을 '남편에게는 왜 분노하는 것일까?'라고 생각하면 두 가지가 있다. 첫 번째는 신혼 때 나를 가족같이 대해주지 않는 일이 종종 있었다. 그 분노가 쌓여 다른 곳에서 가끔 발현된다. 두 번째는 나의 불안이었다. 누가 봐도 멋지고 남이 보기에 좋은 여행을 꿈꾸니, 즐겁게 지내려고 가는 가족 여행의 본질을 잊고 무엇인가 성취하기 위해 가야 한다고 생각하고 있었다. 흙탕물이 가라앉고 나서야 본질에 대해서 다시금 생각하게 되었고, 마음을 편히 갖기로 생각을 다잡았다. 여행 준비를 하지 않았을 때 벌어질 최악의 상황에 대해 생각했더니 돈을 더 쓰는 일 이외에는 없었다.

유럽 캠핑카 여행을 위한 마음의 준비는 몸의 긴장을 풀고, 발생할 수 있는 일을 흥분하지 말고 받아들이는 일이다. 나만 잘하면 된다.

급하게 ACSI 캠핑장 할인 카드를 발급받아 스위스에 사는 사촌동생네로 배송 주문했다. 스위스에서는 소용없는 캠핑장 멤버십 카드였기에 한 번도 할인을 받지 못했다는 슬픈 결말이 예정돼 있었다. 다행히 남편은 나에게 분노하지 않았다.

짐은 최대한 줄일 거지?

: 말과 다르게 커져는 짐

이번 여행의 테마는 서두르지 않는 느긋한 여행, 가족의 추억 만들기, **여행의 기록 매일 쓰기**, 캠핑에 대한 로망 채우기였다.

대부분의 부부들이 여행 콘셉트가 잘 맞지 않아 힘들다던데(한 사람은 한가한 무계획의 여행을 원하고, 다른 한 사람은 여기저기 바쁘게 토머스 쿡 여행을 해야 한다는 등의 예가 여기저기서 보인다), 한 달 후로 훌쩍 다가온 유럽 캠핑카 여행을 본격적으로 시작해야겠다 싶은 우리 부부의 콘셉트의 시작은 참으로 잘 맞았다. 그래, 잘 맞지 않는 우리 부부가 그나마 여행에 대한 생각만큼은 비슷했지. 잠시 뿌듯해하며 '무엇을 가지고 가야 할까'

를 고민하기 시작했다.

　우선 구명조끼를 가져갈 것인가에 관한 이야기로 시작했다. 나의 로망은 다이빙한 후 얼굴을 물에서 빼고 유유히 물 위로 떠오르는 것이다. 그런데 나는 자유형과 배영을 배우다 오른팔 뼈에 물이 차 있다는 걸 진단받았다(골종양 음성). 의사 선생님은 골절의 위험이 있으니 수영은 자제하라고 하셨다. 이후 12년이 흘렀고, 다이빙에 대한 나의 열망은 더욱 깊어졌다.

　오랫동안 물놀이를 하지 않으니 물놀이의 열정도 함께 식었다. 하지만 제주에 와서 그 열정이 되살아났다. 바로 물놀이를 할 때 자유를 느끼고 신이 난다는 점이었다. 다이빙에 대한 로망은 못 이룬다 쳐도 유럽의 바닷가에 들어가 구명조끼를 입고라도 물에 뜨고 싶었다. 문제는, 구명조끼가 큰 자리를 차지한다는 것이다. 가져가야 할까? 현지 조달을 하는 게 맞을까? 우리가 여행 가는 달이 9월이라 이미 여름은 끝났으니 물놀이를 할 수 있을지에 대한 사실 확인이 필요했다. 결국 유럽 캠핑카 여행 준비물 정하기는 구명조끼에서부터 막혀버렸다.

　남편 : 구명조끼는 가져가야지.

나 : 너무 부피를 많이 차지하지 않아? 나는 우리의 유럽 여행 짐이 좀 가벼웠으면 좋겠어. 한두 번 할 물놀이를 위해서 구명조끼 세 개를 가져가는 건 오버야.

남편 : 물놀이를 하려면 어쨌든 구명조끼가 필요해.

나 : 현지 조달할 수는 없을까?

남편 : (네이버에서 독일 구명조끼를 찾아보며) 독일도 비싼데?

나 : 독일 구명조끼를 왜 네이버에서 찾아? 그러니까 당연히 비싸지. 독일 사이트를 찾아봐.

남편 : (씩 웃는다.) 그래, 일단 생각해보자. (남편은 항상 생각만 하자고 하고 진전이 없다.)

나 : (네이버에서 크로아티아 9월 기온을 찾아본다.) 크로아티아 9월 평균기온이 16도인데? 구명조끼 못 가져가겠네….

　

　결국 구명조끼는 빼는 걸로 결정했는데 못내 마음이 찜찜했다. 물놀이를 하려면 8월에 갔어야 했는데… 8월이었으면 당연히 구명조끼를 가져갈 텐데… 아쉬웠다. 남편과 어떤 준비물을 가져가야 할지 확인하는 과정에서 계속 드는 확신은, 남편은 짐을 늘리는 여행을 계획하고 있음이 틀림없다는 것이다.

남편 : 캐리어 큰 거 세 개랑, 기내 캐리어 한 개랑, 배낭 크~은 거 세….

나 : (여기서 내가 말을 잘라버린다.) 짐을 줄이는 여행을 하자니까 오빠는 왜 짐을 늘리는 여행을 생각하고 있는 것일까?

(잠시 말이 없던 남편이 하는 말)

남편 : 일단 먹는 것부터 준비하자. 고추장이랑 된장, 간장, 참기름, 볶음김치, 흰쌀 큰 거랑….

나 : 아니, 오빠! 쌀은 독일 가서 사면 되지, 그걸 왜 한국에서 가져가? 쌀은 그냥 독일에 있는 한인 마트에서 사자. 그나저나 커피는 어떻게 하지? 오빠, 알지? 나 라떼만 마시는 거. 네스프레소 우유 거품기를 가져가야 할까? 아니면 모카 포트를 사야 할까?

남편 : 그렇지. 우리는 커피를 꼭 마셔야 하는 사람들이니까, 모카 포트는 독일이 싸니까 거기서 사고, 난 커피 그라인더랑 핸드드립 내리는 포트랑 원두랑 다 가져가려고.

나 : 응?? 오빠, 줄이는 여행을 하자니까. 그냥 원두는 갈아놓은 거 가져가고, 핸드드립 포트도 가져가지 말고 그냥 끓인 물로 넣자.

남편 : ……. (말이 없다.)

여행을 가기도 전에 준비로 지치는 건 아닐까? 대화할 때는 내가 합리적이라고 확신했는데, 대화를 다시 정비하다 보니 내가 원하는 짐을 늘리는 건 합리화시키고 남편의 짐은 허용하지 않는 대화의 심보를 반성하게 되었다. 결국 크로아티아는 여행 일정에서 제외하기로 했고, 부피를 차지하는 구명조끼 대신 바람을 불어서 채워 넣는 가벼운 구명조끼를 샀다. 완벽했다. 그런데… 스위스 제네바에 사는 사촌동생의 아내가 그곳의 날씨 정보를 알려준다.

"언니, 요즘 스위스 날씨 아침저녁으로 초겨울이라고 생각하시면 돼요. 사람들 패딩 입고 부츠 신고 다녀요."

'아악~~!'

드디어 여행이 코앞으로 다가왔다.

캐리어들마다 이것저것 준비물을 가득 채웠다. 캠핑카에서 하려고 산 보드게임 부루마블은 정신을 차리고 짐에 포함하지 않았다. 남편은 평소에 김을 즐겨 먹지도 않으면서 개별포장으로 된 김을 엄청 샀다. 라면 10개, 짜파게티 5개는 뺐는데, 부피를 많이 차지하는 김은 빼라고 해도 빼지 않는다. 고추장은 평소에도 잘 안 먹으면서 저렇게 많이 산 이유는 무엇일까…. 아, 통조림 볶음김치는 인정.

여행하는 사람의 취향에 따라 다르겠지만, 유럽 캠핑카 여

유용했던 준비물. 바람 넣어 쓰는 구명조끼 / 우유 거품 제조기 / 와인잔

행을 위해 우리가 준비했던 유용한 준비물은 1인용 전기장판, 핫팩, 등산용 스틱, 미니 가스버너, 수동 커피 그라인더, 라떼를 마시기 위한 휴대용 우유 거품 제조기, 바람막이 잠바, 방한 잠바, 등산 바지, 선글라스, 자동차 충전 잭, 집기류, 수영복, 팔에 끼는 구명조끼, 우비, 트레킹화, 운동화, 목도리, 극세사 작은 담요, 1인용 돗자리, 지퍼백, 수건, 플라스틱 그릇 세트, 설거지 가방, 블루투스 스피커, 슬리퍼, 기록할 도구, 보온물통, 트래블 카드, 대용량 충전기, 등산 가방, 모자, 최소한의 구급약, 파스, 고추장, 볶음고추장, 캔으로 된 밑반찬, 대용량 라면 스프, 각종 조미료, 쌀, 김, 쌈장, 캡슐 세탁세제 등이었다.

별로 필요하지 않았던 준비물은 불닭 소스, 참기름, 보드게임, 된장, 간장이었다. 가져갔으면 좋았을 준비물은 락앤락 음식 보관통, 작은 크로스백 등이었다. 캠핑카를 빌릴 때 냄비, 프라이팬, 그릇, 숟가락, 포크, 컵 등의 집기류도 제공되지만, 와인잔은 저렴하게 마트에서 구입하는 것을 추천한다. 우리는 사촌동생을 스위스에서 만났을 때 행사용 와인잔을 선물받아 아주 잘 활용했다. 와인은 무조건 와인잔에 마셔야 맛이 산다.

꼭 추천하고 싶은 준비물

- 1인용 전기장판 : 캠핑카 여행을 간다면 꼭 가져갈 것을 추천한다. 캠핑카에 이불이 포함되어 있지만 밤에는 아주 쌀쌀하다.
- 락앤락 음식 보관통 : 남은 음식, 식자재 등을 보관할 수 있는 음식 보관통 혹은 도시락통으로 사용할 수 있게 준비한다. 트레킹을 다닐 때 도시락통으로 사용하면 유용하다.
- 트래블 카드 : 직접 환전할 필요 없이 필요한 만큼 해당 나라의 통화로 온라인 환전 후 현지에서 결제와 인출이 가능한 카드이다.
- 캠핑용 설거지 가방
- 대용량 라면 스프 : 라면은 부피를 많이 차지하기 때문에 라면 스프만 가져가고, 면은 현지 마트에서 사면 된다. 마법의 라면 스프는 캠핑카 요리할 때 꼭 필요한 조미료다.

Chapter 2

로망이 현실로,
길 위의 여정들

캠핑카 픽업

독일 프리트베르크

프랑크푸르트

⑩ 뷔르츠부르크

① 211Km

⑨ 350Km

켈

프랑스

독일

231Km

② 콘스탄츠 ⑧ 156Km 퓌센

아본

스위스 장크트갈렌 ⑦ 오스트리아

베른 192Km

인터라켄 ⑥ 301Km

③ 174Km 114Km 그린델발트 피르스트

라우터브루넨 생모리츠

⑤ 143Km

제네바 티라노

④ 81.7Km 마터호른 이탈리아

샤모니몽블랑

(D+1~D+3)
프랑크푸르트 공항 메리어트 호텔에서 캠핑카 픽업까지(23. 9. 5~9. 7)

여행 시작, 컨디션 관리하기

장거리 비행을 두려워하는 남편은 여행 전날 비타민 주사를 맞았다. 캠핑카 운전을 해야 하는 긴장감도 더해졌다. 공항에 도착해서 바로 캠핑카 여행을 시작하지 않고, 이틀은 편한 숙소에서 지내기로 안전장치를 두었다. 첫날은 해외 출장 시 쌓아둔 호텔 포인트로 프랑크푸르트 공항과 연결된 메리어트 호텔을, 둘째 날은 캠핑카 픽업하는 마을의 에어비앤비 숙소를 예약했다.

프랜차이즈 호텔만의 안락함이 있는데 아이는 본능적으로 즐기는 듯했다. 시차 적응이 안 되어 새벽 1시부터 정신이 또렷해진 엄마와는 다르게 아이는 다음 날 오전까지 한 번도 깨지 않고 잤다. 호텔 조식은 아이가 좋아하는 디저트 같은 음식으로 가득 차 있었고, 비스킷 위에 초콜릿을 듬뿍 얹어서 몇 번을 먹었다. 초콜릿 같은 군것질 종류는 항상 밥을 먹은 후에만 먹으라 했는데, 아침 식사에서 제공되자 팔딱팔딱 뛰며 좋아했다.

여행을 다녀와서 작성한 가족 공동설문지에서 아이는 '프랑크푸르트 호텔'이 가장 좋았다고 표시했다. 캠핑카 여행에서 가장 좋았던 곳이 호텔이었다니, 여행을 기획한 우리 부부는 좌절했다. 하지만 아이와의 여행에서 중요한 것이 여행 초반의 적응이라고 생각한다면 호텔 숙박은 잘한 선택이었다.

유럽 캠핑카 여행 1일차 영상 QR

프랑크푸르트 시내 관광

유럽 출장을 자주 다니며 가장 많이 방문했던 도시 중 한 곳은 프랑크푸르트였다. 나에게 있어 독일에서 가장 매력이 없는 삭막한 도시였는데, 남편이 본인은 처음이지 않냐며 꼭 프랑크푸르트 시내 여행을 하겠다고 했다.

늦은 체크아웃이 가능해서 오전부터 시내 관광을 시작했다. 지하철 표를 어떻게 끊어야 할지 몰라서 헤매고 있는데 갑자기 등장한 독일 아저씨가 성인 한 명의 1일 티켓이 11유로인데 5명 그룹 티켓은 19.01유로라고 알려주고 결제까지 도와주었다. 여행지에서 현지인에게 받는 도움은 여행을 더 설레게 만드는 조건 중 하나가 아닐까 싶다. 귀를 쫑긋 세우며 어느 역에서 내려서 갈아타라는 조언까지 들은 후 전철을 타고 프랑크푸르트 중앙역에 도착했다.

시내 관광의 두 가지 목적은 뢰머 광장에서 가족 동영상 찍기와 맛집에서 학센(독일식 족발) 먹기였다. 뢰머 광장으로 가

여행 기록의 시작, 프랑크푸르트 시내 여행

는 길에 아이는 시티투어 버스를 보더니 꼭 타보고 싶다고 했다. 1시간 속성으로 2층 버스에서 시내를 편하게 둘러보고 남편이 미리 찾아놓은 맛집에서 학센과 슈니첼(독일식 돈가스)을 주문했지만, 조식을 거나하게 먹은 탓에 거의 남기고 말았다.

캠핑카 픽업하러 프리트베르크로 이동

시내 관광을 마치고 호텔로 돌아와 캠핑카를 픽업하러 프리트베르크Friedberg로 갈 차례였다. 프랑크푸르트에서 프리트베르크까지는 택시로 30분, 전철로 1시간 30분이었다. 짐이 없었다면 당연히 전철을 타고 가야 할 곳이었다. 하지만 23kg이 넘는 캐리어 3개를 들고, 무거운 등산 가방을 메고(도합 100kg), 계단을 오르내리며 전철을 두 번이나 갈아탈 자신이 없었다.

프랑크푸르트 시내에 가기 전까지 남편과 나는 신경전을 벌였다. 남편은 전철, 나는 택시를 타고 가자는 의견이었다. 하지만 오전에 발권한 그룹 티켓 19.01유로를 버리고 택시비 190유로를 택할 수는 없었다. 19.01유로냐, 190유로냐의 기로는 내 몸을 혹사하느냐 안 하느냐의 문제였다. 결국에는 내 몸을 혹사하는 모험을 단행하기로 했다. 남편도 자신 있게 캐리어 3개를 다 끌고 갈 수 있다고 했기에 전철로의 이동을 선택했다.

전철을 타고 가자는 나의 결정에 남편은 싱글벙글이었다. 오전에 프랑크푸르트 시내 관광을 갈 때 전철을 타고 이동했는데, 많은 관광객이 자기 몸만 한 캐리어를 들고 타는 것을 보았다. 캐리어와 자전거를 놓는 전용 공간도 있었다. 남편은 아이의 캐리어까지 두 개를 들고 이동했고, 아이는 자기 몫의 무거운 여행 가방을 부담스러워하지 않았다. 할 수만 있다면, 편한 여행보다는 무거운 짐을 들고 현지 대중교통을 이용해 이동하는 여행의 경험도 아이에게는 소중한 기억이 될 것이다.

프랑크푸르트 공항에서 1시간 30분 동안 프리트베르크로 이동하는 전철 안

다행히 프리트베르크 전철역에 도착했다. 엄청난 계단을 내리고 오르는 일만 남았다. 내려가는 계단에 압도당해 사람들이 먼저 내려가길 멍하니 기다리고 있는데, 어떤 독일 남자가 다가오더니 도와주겠다고 했다. 마음으로는 너무 절실했지만 민폐를 끼치고 싶지 않아 괜찮다고 사양했는데, 바로 가방을 들고 내려가주었다.

에스컬레이터가 없는 독일의 시골 마을 전철역은 정겹지만, 무거운 짐을 든 관광객들에게는 공포일 수도 있다. 하지만 여행 중 갑자기 뛰쳐나와 도움을 주는 정겨운 현지인의 도움은 마음을 따뜻하게 한다. 프랑크푸르트 지하철역에서 표 예매를 도와주신 분에서부터 작은 시골역에서 외국인의 무거운 짐을 옮겨주신 분까지… 동화 같은 경험이었다. 그들을 다시 만날 수는 없으니 우리나라에서 도움이 필요한 외국인 관광객을 적극적으로 도와줘야겠다고 다짐했다.

유럽 캠핑카 여행 2일차 영상 QR

프리트베르크 에어비앤비 숙박

프리트베르크의 에어비앤비 숙소는 비틀즈를 좋아하는 집 주인의 취향이 고스란히 담겨 있는 스튜디오 형태의 집이었다. 프리트베르크는 12세기에 지어진 중세 성으로도 유명하지만, 미국의 록가수 엘비스 프레슬리가 이곳 미군 부대에서 근무한 곳으로도 잘 알려져 있다. 비틀즈가 엘비스 프레슬리를 존경했다고 하니 그런 연결점이 있지 않을까. 에어비앤비 숙소에는 작은 화장실이지만 욕조도 있었다. 욕조를 보더니 아이가 아빠와 욕조 목욕을 하겠다며 신이 났다.

프리트베르크는 작은 마을이라 도보로도 관광할 수 있다. 오후에 잠깐 나가 걸었는데, 하루 동안 1만 5천 보를 걷고 무거운 짐을 들고 이동하느라 힘들었던 아이에게 아이스크림이라는 특효약을 처방했더니 아이의 짜증이 금세 잦아들었다. 숙소에 돌아와서 아이는 라면을 먹었고, 남편과 나는 한국에서 가져온 2인용 전기밥솥에 밥을 해서 밑반찬만으로 간단하게 식사를 해결했다.

아이의 하루담기 기록처럼 엄마의 여행 기록도 이때부터 시작되었다. 아이의 여행 기록에 쓰인 '완벽 적응, 침대가 푹신하고 시원함, 욕실에서 샤워할 마음에 기대기대, 그리고 특별한 집'이라는 단어 모두 설렘이 묻어났다. 고단한 하루의 여행 끝에 아이가 붙여준 '특별한 집'이라는 정의가 비싼 교통비 지출로 스트레스 받을 뻔했던 엄마의 여행을 특별한 하루로 만들어주었다.

캠핑카 픽업하기

숙소에서 캠핑카 픽업 장소까지는 약 15분 도보 거리였다. 캠핑카 픽업 시간이 오후 3시라 아침에 일어나 마을을 산책하듯 픽업 장소에 먼저 걸어서 다녀왔다. 문제는 캐리어였다. 택시를 타기에 애매한 거리이기도 하고, 캠핑카의 크기가 어느 정도일지 가늠이 되지 않아 숙소 앞 작은 도로에 주차할 수 있는지가 걱정되었다. 의논 끝에 캐리어를 끌고 캠핑카 업체까지 걸어가기로 했다(하지만 오전에 미리 캠핑카 업체까지 걸어가며 시뮬레이션해보니 짐 없이 걸어도 20분이 소요되고 급경사 길이 꽤 길었다. 도합 100kg의 짐을 싣고 결국에는 택시를 타고 갔다).

오후 3시까지 프리트베르크 마을에서 커피와 점심을 해결하며 한가롭게 지내기로 했다. 일주일 여행이었다면 이런 시간이 아까웠겠지만, 한 달을 잘 지내기 위한 여유의 시간이라는 생각이 들어 소중했다. 카페에서 커피와 브런치를 먹고 나서 그냥 앉아 있으려니 이렇게 한가롭게 하는 여행이 얼마 만인지, 아는 사람이라고는 한 명도 없는 이곳에서 다른 사람의 시선을 의식하지 않고 앉아 있는 우리 가족의 모습이 마냥 좋았다.

여유롭게 유럽의 아름다운 장소를 여행하며 그림을 그리는 것도 버킷 리스트에 들어 있기에 여행 준비물로 휴대용 물감도 챙겼다. 햇살이 비치는 카페의 야외 테이블에 앉아 작은 도화지를 꺼내 그림을 그리기 시작했다. 아이도 자연스럽게 엄마를 따라 그림을 그렸다. 엄마의 그림과 자신의 그림을 비교하더니 이내 지루해하길래 완성되어가던 그림을 얼른 덮었다.

가져온 오라클 카드가 생각났다. 테이블에 융 테이블보를 펼친 뒤 오라클 카드를 능숙하지 못한 솜씨로 깔고 한 장씩 뽑게 했다.

질문은 "이번 유럽 캠핑카 여행은 좋을까요?"로 했다.

나는 힐링 카드, 남편은 'You are good enough' 카드, 아이는 양자리의 만월, 클라이맥스 카드였다. 휴직하고 제주에 와서도 자기 발전을 위해 바쁘게 달려온 나는 이번 여행을 힐링 여행으로 삼으면 되고, 남편은 이미 잘하고 있으니 더는 욕심을 부리지 않아도 되는 여행(오라클 카드가 나에게 '너의 남편

프리트베르크 시내에서 캠핑카 픽업 전 여유롭게 그림을 그리고 오라클 카드 뽑기를 했다.

은 이미 잘하고 있으니 더는 바라지 말라'고 말하는 듯했다), 아이는 양자리에다 양띠인데, 양자리에 클라이맥스를 뽑은 걸 보면 이번 여행의 주인공은 아이가 틀림없었다.

  캠핑카 업체에 도착했다. 친절한 직원분이 우리가 가져갈 캠핑카를 보여주었다. 3인 가족에 딱 맞는 캠핑카를 빌리라고 남편에게 으름장을 부려놓고, 막판에는 '그래도 좀 큰 게 좋지 않을까?' 해서 4인 가족 캠핑카를 빌렸는데, 이를 실물로 본 순간 크기에 압도당하고 말았다. '과연 운전할 수 있을까? 주차는 어떻게 하지? 알프스 절벽에서 굴러 떨어지면 목숨은 부지할 수 있을까? 도대체 연료는 얼마나 먹을까?' 하는 온갖 물음표들이 머리를 채웠다. 한 가지 다행인 건, 예약 당시 수동 변속기만 빌려줄 수 있다고 했는데 자동 변속기 캠핑카가 배정되었다.

캠핑카에 대해 자세히 설명하는 아저씨의 이야기를 하나도 빠뜨리고 싶지 않아서 동영상으로 촬영하며 따라다녔다. 연료는 어떻게 넣고, LPG 가스는 어떻게 확인하고, 화장실 변기는 어떤 세정제를 사용하여 어떻게 비워야 하는지까지 아주 세세하게 설명을 해주셨다. 물론 아저씨도 제2외국어였고 (영어), 나도 제2외국어(영어)이니 제대로 알아듣지는 못했다. 하지만 동영상으로 촬영을 했으니 필요한 부분은 다시 돌려보면 될 터였다. 잘 알아듣지 못해서 괜히 남편에게 "다 알아듣고 있지? 무슨 말인지 알지?"라고 재확인했다. 남편도 물론 다 알아듣지는 못했겠지만, 자동차 엔지니어니까 나보단 더 잘 알겠지…. 이렇게 생각하니 괜히 든든한 마음이 들었다.

캠핑카는 화장실과 샤워실이 따로 있고, 조리를 할 수 있는 하이라이트와 설거지를 할 수 있는 싱크대, 작은 냉장고가 있었다. 수납 공간도 꽤 많았다. 차 뒤편에 다섯 명도 잘 수 있을 만한 침대가 있었고, 운전석 위에는 두 명이 더 잘 수 있는 침대가 있었다. 트렁크에는 캠핑 의자, 테이블을 포함한 캠핑장비, 캐리어를 넣을 수 있는 공간도 충분했다. 우리에게는 너무 큰 캠핑카였다.

1시간이 넘는 시간을 따라다니며 설명을 듣고 계약서를 작성했다. 혹시 모를 사고에 대비해서 보험은 최고급으로 들었다. 아이는 캠핑카만 픽업해서 바로 출발하는 줄 알았는지, 설명 듣는 시간이 길어지자 지루해했다.

드디어 캠핑카 타고 출발이다!

독일 마트에서 캠핑카 장보기

캠핑카에 탄 후 가장 먼저 한 일은 근처 마트에 가는 일이었다. 스위스로 이동하기 전 저렴한 독일 마트에서 장을 봐야 했다. 캠핑카 주차는 마트 어디든 할 수 있다고 캠핑카 업체 직원이 얘기해줘서 안심했다. 독일의 가장 큰 마트인 레베REWE에서 화장지, 키친타월, 세제, 우유, 고기, 음료수, 물, 와인, 맥주, 스위스 사촌동생 아내가 부탁한 하리보 젤리 등을 쓸어 담았다. 총 160.30유로를 지불했다.

캠핑카에 조리와 난방을 위한 가스통이 있지만, 캠핑카 안에서 가스레인지를 사용하고 싶지 않아 따로 버너를 준비했다. 버너에 사용되는 부탄가스는 마트에서 판매하지 않아 근처 판매하는 곳으로 가서 구입했다. 한 개에 10유로씩, 총

캠핑카 픽업 후 독일의 대형 마트에서 욕심껏 첫 장을 보았다.

100유로가 들었다. 버너 부탄가스는 스위스에서는 구하기가
힘드니 독일에서 꼭 사야 한다. 요리를 거의 버너로 했기 때
문에 25일간의 캠핑카 여행에서 알차게 사용했다.

유럽 캠핑카 여행 3일차 영상 QR

첫 캠핑지는 스트라스부르였으나…

장을 보고 나니 이미 오후 5시여서 구글 지도를 켜고 3시

첫날 밤은 노지 캠핑, 첫잠은 편안한 캠핑카 침대에서 잤다.

간 정도 걸리는 스트라스부르 캠핑장Camping de Strasburg을 첫 목적
지로 설정했다. 사촌동생의 아내가 추천한 곳이기도 했다. 캠
핑카 운전이 처음이라 남편은 긴장했고, 옆에 앉은 나는 가상
의 브레이크를 함께 밟으며 마음을 졸였다. 그러면서도 독일
고속도로를 달릴 때 지는 해를 보며 감탄하는 건 잊지 않았다.

스트라스부르에 거의 도착해서 어떤 곳인지 스마트폰으로
검색하다가 독일이 아니라 프랑스라는 사실에 깜짝 놀랐다.
더구나 도시에 차가 들어가기 전 환경세를 내야 하고 사전 등
록을 해야 한다는 사실에 좌절했다. 벌금이 꽤 비싼 유럽이라

모험은 하지 않기로 하고 근처에 있는 독일 쪽 캠핑장을 검색해서 켈Kehl의 캠핑플라츠 켈Campingplatz Kehl로 방향을 틀었다. 나중에 알고 보니 이는 비넷Vignette이라는 고속도로 통행료의 개념이고, 프랑스는 요금소에서 톨 비용을 내면 된다.

독일 캠핑장에 도착했을 때는 이미 밤 10시가 넘었고, 캠핑장의 차단기는 닫혀 있었다. 입구에 주차하고 안으로 들어가니 샤워 시설이 있는 깨끗한 캠핑장이었다. 캠핑카가 안으로 들어갈 수 없으니 밖으로 나와 주변을 살폈다. 길거리 주차장에 캠핑카들이 꽤 많았다. 우리도 그곳에 주차하고 첫날 밤은 노지 캠핑을 경험했다. 예상과 다르게 캠핑카 안의 매트는 꽤 푹신하고 안락했다. 다음 날 어디로 갈지 정하지 않은 채로 잠에 빠져들었다.

설레는 첫 캠핑장의 경험

스위스 베른

프랑크푸르트

뷔르츠부르크 **⑩**

① 211Km

⑨ 350Km

● 켈

프랑스

독일

231Km
②

콘스탄츠 **⑧** 156Km

아본

⑥ 장크트갈렌 퓌센

스위스 192Km
⑦

베른 ● 인터라켄 301Km **오스트리아**

③ 114Km
174Km 그린델발트
라우터브루넨 피르스트

⑤ 생모리츠

제네바

81.7Km **④** 143Km 티라노

마터호른 **이탈리아**

샤모니몽블랑

(D+4~D+5)

스위스 베른에서 강 수영하기(23.9.8~9.9)

스위스로 이동, 그런데 어디부터 가지?

아이도, 우리 부부도 시차 적응을 완벽하게 했다. 피곤과 긴장, 그리고 캠핑카의 안락함이 선물한 잠이었다. 오전 6시쯤 일어나 다음 장소로 이동하기로 했다. 3일 후인 일요일, 제네바에서 사촌동생 가족을 만나기로 했기에 중간 장소를 정해야 했다. 바젤과 베른이 후보지였다. 베른은 20년 전 가본 곳이라 끌리지는 않았지만, 제네바와 가까워 베른으로 선택했다. 해무와 함께 막 뜨는 해를 보며 독일 고속도로 휴게소에 들러 커피와 빵을 먹었다. 휴게실 화장실을 가려면 한 사람당 1유로에 한 번만 사용할 수 있고, 아이는 무료다. 남편은 동전을 사용할 수 있어 동전 지갑이 가벼워졌다고 좋아했다.

스위스, 오스트리아, 헝가리, 슬로바키아 등 몇몇 유럽 국가에서는 각 나라의 비넷이라는 고속도로 통행 카드를 차 앞 유리창에 붙여야 한다. 다음 국가로 넘어가기 전 휴게소나 주유소에 들러서 구입할 수 있다. 스위스 비넷은 1년짜리로 사야 하고, 45유로이다. 1월에 사든, 9월에 사든, 구입한 연도의 12월까지만 사용할 수 있다.

첫 번째 캠핑장 TCS 캠핑 베른 에이마트

독일 켈에서 베른까지 약 231km를 운전했다. 첫 번째 캠평장은 TCS 캠핑 베른 에이마트$^{Camping\ Bern-Eymatt}$이다. TCS는 프렌차이즈 스위스 캠핑장으로, 가격이 저렴하지는 않았지만 사용자의 후기가 좋아 선택했다. 입구에 차를 세우고 캠핑장 카운터로 갔다. 유럽 캠핑카 여행은 극성수기가 아닌 이상 예약을 하지 않아도 캠핑할 수 있는 자리가 있다. 직원이 캠핑장의 지도를 보여주며 사이트를 고르라고 했지만 감이 오지 않아 직접 가보고 선택했다. 앞쪽에 작은 축구장이 있고, 뒤쪽으로 아레강이 흐르고 있었다.

캠핑카를 주차하고 테이블과 의자를 세팅하니 캠핑 준비 완료다. 캠핑장 공용 샤워실과 급수대는 기대 이상으로 깨끗했다. 오후 3시가 되어서야 독일 마트에서 샀던 목살과 송이버섯, 상추와 쌈장으로 캠핑카 여행의 첫 번째 로망인 '캠핑카 앞에서 고기 구워 먹기'를 완수했다.

식사를 마치고 남편이 정리하는 동안 아이와 나는 아레강으로 나가서 조금 쌀쌀한 오후 4시에도 입수할 수 있을지 확인했다. 9월 초라 날씨가 약간 서늘했는데 강 수영과 오후 햇살을 즐기는 사람이 꽤 있었다. 우리는 수영복과 구명조끼를 입고 강 수영을 준비했다. 강의 깊이를 가늠할 수 없고 물살이 꽤 빨라서 겁이 났지만 아이는 상당히 신나 했다. 나무 데

첫 번째 캠핑장에서 고기도 구워 먹고 강 수영도 즐겼다. 카약을 즐기는 현지인들의 모습도 보였다.

크에서 시작해 강의 물살이 이끄는 대로 50m쯤 떠내려가다가 다시 데크로 돌아오길 반복했다. 바다의 파도는 모래사장으로 나를 밀어주는 느낌이라면, 강의 물살은 나를 긴 강줄기 안으로 끌고 들어가는 느낌이었다. 정신을 차리지 않으면 거대한 유수풀 중간으로 끌려들어가 긴 강줄기를 따라 무한정 떠내려갈 것 같았다. 수영을 잘 못하는 나에게는 두려운 곳이었지만, 구명조끼를 믿고 시도했더니 설레고 재미있었다. 기회만 된다면 강줄기를 따라 거대한 유수풀을 타고 강을 한 바퀴 돌고 싶다는 생각도 들었다. 실제로 스위스 현지인들이 아레강의 물살을 타고 퇴근하는 진풍경을 스위스 관광청 인스타그램 릴스에서 보았다.

현지인들은 다리 위에서 다이빙을 즐기고, 패들 보트로 물살을 타고 내려오고 있었다. 건장한 청년들이 자전거를 타고 와서 창고에 있는 카약을 꺼내 카약 경기를 즐겼다. 여행이 특별한 일이 아니라, 일상이 여행하는 삶인 듯했다.

강 수영을 마치고 먹는 아이스크림에 아이는 신이 났고, 나는 캠핑카 앞 미니 축구 경기장에서 축구를 하는 이탈리아 형제들과 아이를 바라보며 화이트와인 반병과 맥주 한 캔을 마셨다.

해가 지고 어둑해지자 사람들이 모두 캠핑카 안으로 들어갔다. 저녁 일찍 잠자리에 드는 우리 가족과 라이프 스타일이 잘 맞았다. 정리를 모두 마치고 캠핑카 안 테이블에서 가족 셋이 기록을 끝내니 밤 9시가 훌쩍 넘었다. 다음 캠핑장으로 이동하지 않고 TCS 캠핑 베른 에이마트에서 하루 더 머물기 위해 TCS 웹사이트에 들어가 77스위스 프랑(CHF. 이 책에 나오는 스위스의 통화 단위는 모두 스위스 프랑임. 이하 프랑으로 표기 통일)을 결제하고 바로 잠이 들었다.

유럽 캠핑카 여행 4일차 영상 QR

베른 시내 구경

베른에 숙박하면 36시간 무료 대중 교통권이 지급된다. 스위스 트래블 패스를 한국에서 사서 오지 않길 잘했다. 캠핑장 앞에서 시간을 정확하게 지키는 101번 버스를 탔다. 시내에 도착하니 활기가 넘쳤다. 아레강 줄기 옆의 잔디에는 가족과 연인들이 돗자리를 펴고 햇살을 즐기고 있었다. 아레강을 따라 계속 걸으며 베어핏Bear Fit이라는 곳을 찾았다. 아이가 그곳에 곰이 있는지 물었을 때 잘 몰라 대답해주지 못했는데, 시내 한가운데서 몇 마리의 곰을 보고 놀랐다. 관광객들, 그리고 멋진 자연 풍경과 함께 어울려 사는 동물이 있는 이곳 스위스가 좋았다.

아레강 줄기를 따라 유네스코 지정 올드타운 쪽으로 갔다. 베른 시내에는 100개 정도의 분수가 있다. 분수대에서 나오는 물은 모두 식용이라 마실 수 있다. 분수대가 아이의 키에는 좀 높아서 나오는 물을 마시기가 애매했는데, 현지 아이들이 분수대 위로 가볍게 올라가 물 마시는 걸 보고 아이도 바로 따라했다.

올드타운에서 갑자기 화장실에 가고 싶다는 아이 때문에 젤라또 가게에 들어갔는데, 화장실이 없어 젤라또만 사서 나왔다. 화장실을 찾아 헤매다가 어느 골목길로 들어가자 눈앞

에 베른 성당이 나타났다. 마침 행사 중이어서 가족별로 핑크
색 풍선을 받고 화장실을 안내받았다. 아이가 마침 화장실을
가고 싶어 했기에 베른의 랜드마크를 놓치지 않을 수 있었다.

아인슈타인 하우스는 들어가지는 않았고, 근처에 유명한
장인이 만든 초콜릿Confiserie Tschirren이 있다고 해서 들어가 거금
5만 원어치의 초콜릿을 샀다. 비싼 초콜릿이라고 하면서 아
이에게 줬는데 정작 아이는 너무 달다며 잘 먹지 않았다. 이
초콜릿은 한 달간 캠핑카 냉장고에서 우리와 함께 여행한 후
버려졌다. 캠핑장으로 돌아가는 길, 또 화장실에 가고 싶다

(왼쪽 페이지부터) 우연히 들어간 골목길 안에서 만난, 1400년대에 지어진 베른 성당 / 치트글로게 시계탑 / 베른 시내 관광 중 분수대에 올라가 물을 마시는 아이

는 아이를 데리고 베른 버스터미널 지하에 있는 화장실을 갔는데 여기서 1.5프랑을 내야 했다. 동전만 받고 거스름돈은 없다고 주지 않으니, 스위스 시내를 다닐 때는 꼭 동전을 준비해야 한다.

캠핑장으로 돌아와 고기를 구워 먹고, 아이는 전날 축구를 함께 했던 이탈리아 아이들과 축구를 했다. 베른 시내를 2만 보 이상 걸어 몹시 피곤했던 우리 가족은 9시가 조금 넘자마자 잠에 곯아떨어졌다.

유럽 캠핑카 여행 5일차 영상 QR

뜻밖의 일정, 유엔 투어

스위스 제네바

프랑크푸르트
⑩ 뷔르츠부르크
① 211Km
⑨ 350Km
● 켈
프랑스
② 231Km
콘스탄츠 ⑧ 156Km
아본 퓌센
스위스 장크트갈렌
⑦ 192Km
오스트리아
베른 인터라켄 ⑥
③ 114Km ⑦ 301Km
174Km 그린델발트
라우터브루넨 피르스트 생모리츠
⑤ 제네바
143Km 티라노
④
81.7Km 마터호른 이탈리아
샤모니몽블랑
독일

(D+6~D+7)

스위스 제네바에서 유엔 투어(9.10~9.11)

제네바 공영 수영장에서 사촌동생 가족을 만나다

사촌동생 가족이 사는 제네바로 출발했다. 원래 우리의 스위스 캠핑카 여행에는 대도시 방문 계획이 없었는데, 인스타로 유럽 캠핑카 여행 소식을 접한 사촌동생의 아내가 스위스에 오면 꼭 들르라고 연락했다. 만남의 장소는 제네바 시내 근처인 풀 콜로브레이Pool Colovray라는 공영 수영장이었다. 캠핑카 여행의 취약점 중 하나는 주차가 아닐까 싶다. 스위스는 교통법규를 어겼을 때 벌금이 큰 나라라서 걱정되었다. 다행히 공영 수영장 앞에 캠핑카를 주차할 수 있는 공간이 있었다. 스위스에서 주차할 때는 파킹 디스크를 차량 앞 유리창에 놓아야 하는데, 주말과 평일마다 주차 제약 시간이 있다. 우리는 파킹 디스크를 구매하지 않았지만, 다행히 일요일이라 주차요금을 내지 않고도 캠핑카를 주차할 수 있었다.

사촌동생 가족을 만나 반갑게 인사하고 공영 수영장으로 갔다. 스위스의 살인적인 물가에 비하면 하루 입장권 가격이 3프랑으로 저렴해서 놀랐다. 더구나 시설도 좋고 수질도 괜찮을뿐더러 바로 앞에는 레만호가 펼쳐져 있었다. 이곳에서는 레만호에서의 호수 수영과 수영장 시설 이용, 두 가지 모두 가능하다. 레만호 건너편으로 마주하고 있는 곳은 프랑스

제네바 공영 수영장에서 레만호와 수영장을 동시에 바라보며 나무 그늘을 즐길 수 있다.

땅이다.

사촌동생 부부의 이웃들도 함께 와서 모두 나무 그늘에 돗
자리를 펴고 앉아 낮 맥주를 마셨다. 아주 어렸을 때 본 이후
로 오랜만에 만난 아이들은 금방 친해져 풀장에서 신나게 놀
았다. 남편이 사라진 줄도 모르고 사촌동생의 아내와 신나게
스위스 교육에 대한 얘기를 나눴다. 한참 만에 돌아온 남편이
호수 수영을 하다가 발에 쥐가 나서 죽을 뻔했는데 호수 옆에
있던 구조대원이 살려줬다고 했다. 접영까지 완벽하게 하는
남편인데도 큰일 날 뻔했다.

TCS 캠핑 주네브 베제나

베른에서 묵었던 TCS 캠핑장의 기억이 좋아서 제네바에서도 레만호 앞에 있는 TCS **캠핑 주네브 베제나**Camping Geneve-Vesenaz에서 2박을 하기로 했다. TCS 제네바 캠핑장은 차단기 밖에 캠핑카를 주차하고 카운터에서 지정해주는 사이트를 받아 본인이 알아서 찾아 들어가야 한다. 친절하게 캠핑사이트를 직접 안내해준 TCS 베른과는 조금 다른 모습이었다. 화장실, 식수대와도 거리가 좀 멀었지만, 레만호를 바라볼 수 있는 풍경과 오래된 나무들이 시각적으로 편안함을 주는 장소였다.

사촌동생 부부는 스위스 전통요리인 **라끌렛**과 두 병의 와인을 준비해왔다. 라끌렛은 치즈를 녹여 각종 야채, 소시지, 고기 위에 올려서 먹는 쉬운 요리이다. 스위스 와인이 맛있고 저렴하다고 사촌동생 부부가 강력 추천해서, 이후에도 매일 저녁을 먹으며 꼬박꼬박 와인 한 병씩을 비웠다.

어렸을 때 꽤 친했던 사촌이 자신의 길을 찾아 유엔UN(국제연합)에 입사하고 아프리카 여러 나라에 근무한 후 유엔 제네바 기구에서 일하는 이야기를 듣고, 나 또한 첫 책《독서의 기록》을 출간한 과정을 나누다 보니 어느새 밤이 깊었다. 사촌동생은 보통이라면 한참 전에 예약해야 가능한 유엔 투어를 다음 날 직접 해주기로 했다.

TCS 제네바 캠핑장 / 스위스 전통요리 라끌렛

유럽 캠핑카 여행 6일차 영상 QR

유엔 제네바 사무국 투어

제네바에서도 숙박 시설을 예약하니 무료 대중 교통권을 PDF 파일로 제공했다. 사촌동생을 유엔 앞에서 만나기로 했는데, 생각보다 굉장히 넓어서 어렵사리 동생을 만났다. 유엔 앞에는 다리가 부러진 커다란 의자 조형물이 있었다. 전쟁으로 인해 설치된 지뢰에 다리를 잃은 사람을 의미하는 브로큰 체어Broken Chair였다. 유엔 제네바 사무국은 유엔의 4개 사무국

소재지 중 뉴욕 다음으로 큰 곳이다. 사촌동생은 유엔아동기금UNICEF에서 근무 중이다. 방문자 등록 후 빠른 속도로 유엔 사무소 투어를 했다.

사촌동생에게 어떻게 유엔에서 일할 생각을 했냐고 물었다. 동생은 철학과를 선택한 후 인간 존엄에 대해 관심이 많았는데, 군대에 있을 때 진로를 결정한 뒤 미국 뉴욕에서 유학하고 이후 유엔에서 인턴을 시작했다고 했다. 본인이 무엇을 하고 싶은지를 찾고 목표를 명확히 설정한 사람은 확실히 다른 인생을 산다. 문득 내 인생을 되돌릴 수 있다면 유엔기구에서 일하고 싶다는 생각도 들었다.

뉴스에서나 보던 국제회의실도 볼 수 있었고, 로비에서 양복을 입은 사람들이 모여 회의를 하는 모습은 마치 외국 영화를 보는 듯했다. 유엔 구내식당에서 점심도 먹었다. 스테이크, 햄버거, 스파게티 등 다양한 음식을 골라서 먹을 수 있었다. 4인분에 66프랑이었으니 구내식당에서 10만 원어치를 먹은 셈이다. 기대했던 것보다 맛이 뛰어나지는 않았다. 구내식당은 어디든 비슷한 모양이다.

유엔 제네바 캠퍼스 투어(브로큰 체어 / 유엔사무국 안에 있는 각국의 국기들)

　투어를 마치고 배지를 반납하러 출구로 나가는데, 유엔 캠퍼스 밖에서 어떤 외국인이 그곳에 어떻게 들어갔냐고 큰 소리로 물었다. "내 사촌이 여기서 일해!"라고 대답하며 함께 웃었는데, 이게 아이 눈엔 꽤나 인상적이었던 모양이다. 아이는 여행 후 가족 공동설문조사에서 가장 좋았던 활동으로 유엔 투어를 꼽았다. 이유는 다른 사람이 쉽게 들어올 수 없는 곳을 유엔에서 근무하는 삼촌에게 직접 안내받아 구경했던 게 좋았다고 했다.

　코로나 이전에는 예약 없이 투어가 가능했는데, 이후에는 유엔 웹사이트에서 성인 22프랑, 어린이 11프랑의 금액으로

유엔사무국 앞에서 가족 기념촬영

예약하면 1시간 가이드 투어가 가능하다. 예약이 금방 마감되니 제네바 여행 계획이 있는 사람은 안전하게 3개월 전에 예약할 것을 추천한다.

제네바 시내 투어

이튿날 저녁에도 사촌동생 식구를 캠핑카로 초대했다. 조카가 방과 후 축구를 하기 때문에 마치고 캠핑장으로 오기까지는 시간이 있어 우리는 제네바 시내 투어를 했다. 종교개혁의 기둥을 세운 칼뱅의 흔적이 있는 성 베드로 성당에서 본 한국어 팸플릿은 무엇보다 반가웠다. 성 베드로 성당 주변으로는 식음할 수 있는 분수대와 아기자기한 카페들이 구시가지 경사길로 펼쳐져 있었다. 우리는 추천받은 젤라또 맛집에서 아이스크림을 사 먹고, 스케치 상점에서 색연필 세트를 샀다. 스위스 문구류가 좋다는 말에 혹해서 샀는데 아직도 사용하지 않고 있다.

공원에는 대형 체스판도 있었다. 아이 몸집만 한 체스 말을 옮겨서 직접 체스를 두는 건데, 마침 할아버지와 초등학교 저학년으로 보이는 여자아이가 체스를 두고 있었다. 여행에서 돌아온 후 아이는 지금까지 체스 학원에 열심히 다니고 있다. 제네바에서 본 체스 장면이 인상적이었기 때문일까.

유럽 캠핑카 여행 7일차 영상 QR

비 오는 알프스에서 만난 고산병

프랑스 샤모니 몽블랑

(D+8~D+9)

프랑스 샤모니 몽블랑에서 빙하 만나기(9.12~9.13)

제네바와 가까운 샤모니 몽블랑으로 출발

다음 목적지는 프랑스 샤모니 몽블랑이다. 제네바와 가까운 곳이기도 하고, **몽땅베르**^{Montenvers}의 빙하동굴과 에귀디미디 Aiguille du Midi는 꼭 가야 한다고 사촌동생 부부도 강력 추천했기 때문이다. 산악열차, 케이블카 등 몽블랑 교통시설을 모두 이용할 수 있는 몽블랑 패스는 당일의 날씨를 보고 끊어야 한다고 했다. 스위스에 도착한 이후로 날씨가 좋아서 그냥 흘려들었는데, 나중에는 그 말을 흘려들은 걸 크게 후회했다.

몽땅베르 역과 가장 가까운 캠핑장인 캠핑 레아롤^{Camping Les Arolles}에 도착했다. 2성급이었고, 규모와 시설 면에서 앞 두 개의 캠핑장보다 훨씬 떨어졌지만, 뒤편으로 몽블랑이 보이는 멋진 곳이었다. 1박에 약 39.8유로로, 스위스 캠핑장의 반값이라는 것도 장점이었다. 세면대, 샤워실, 화장실은 남녀공용이었지만 특별히 불편하지는 않았다(이용 시 여권이나 국제운전면허증을 맡겨야 한다). 한 가지 불편한 점은 세탁실이 없어 샤모니 마을에 있는 세탁소를 이용해야 한다는 것. 샤모니 마을에는 두 개의 세탁소가 있었는데, 한 곳은 옷이 잘 건조되지 않아 남편이 자정이 넘도록 다른 세탁소로 가서 건조기를 돌리느라 고생했다.

빙하동굴 체험

샤모니에서도 캠핑장에서 무료 대중교통 이용 카드를 만들어주었는데 마을이 작아서 쓸 일이 없었고, 버스도 자주 있지 않아 한 번도 사용하지 않았다. **몽땅베르 역**에 도착해서 바로 빙하동굴로 출발했다. 성인 두 명, 아이 한 명에 279.8유로를 지불하고 몽블랑 패스 2박 3일권을 끊었는데, 다음 날 오를 에귀디미디 오전 예약을 하지 않으면 줄 서서 오래 기다려야 한다는 블로그 글을 참조했기 때문이다. 30분간 산악열차를 타고 올라가서, 빙하동굴 아래로 내려가는 케이블카를 한 번 더 타고, 내려서는 철계단으로 한참을 내려가야 빙하동굴을 만날 수 있다.

내려가는 길에는 지구 온난화로 인해 점점 녹아내린 빙하동굴의 표식이 지구인에게 경고하듯 새겨져 있었다. 얼음으로 된 빙하동굴 안으로 들어간 아이는 신이 났다. **빙하를 먹어본다며** 모래가 있다고 해도 막무가내로 흘러내리는 얼음물에 혀를 날름하는 모습이 귀여웠다.

캠핑장에 돌아와 전날 남은 제육볶음에 밥을 볶아 샤모니 마을에서 잔뜩 사온 화이트 와인과 함께 저녁을 먹으며 **몽블랑을 바라보니 현실이 아닌 듯했다.**

빙하동굴을 신기해하는 아이 / 몽블랑을 바라보며 와인 한 잔

유럽 캠핑카 여행 8일차 영상 QR

비 오는 에귀디미디와 고산병의 무서움

다음 날, 새벽부터 거세게 내리는 빗소리에 잠이 깼다. 한숨이 짙어졌다. 몽블랑 패스를 비싸게 주고 샀는데 에귀디미디에 오를 수 있을지, 아니, 오른다고 해도 멋진 풍경을 볼 수나 있을지 걱정되었다.

비가 오는 알프스는 추웠다. 봉우리 아래는 비가, 봉우리 위에는 눈이 내리는 상황이었다. 오전 8시 케이블카 표를 끊었지만, 제설작업이 완료될 때까지 무작정 기다려야 했다. 운행을 안 하게 될 수도 있다고 매표소 직원이 얘기해주었다. 다행히 오전 9시부터 운행하는 첫 케이블카를 타고 에귀디미디에 올랐다. 하지만 안개가 짙어 에귀디미디 전망대 꼭대기까지는 가지 못했다. 더욱이 캠핑장 주인 할아버지가 고산병이 무서우니 첫 번째 케이블카 정류장에 내려서 잠시 쉬었다가 익숙해지면 올라가라고 했는데, 아무도 중간에 내리는 사람이 없어 한 번에 끝까지 케이블카를 타고 올랐다.

남편은 머리가 아파오는 것 같다며 고산병 약을 미리 먹었고, 나는 괜찮을 것 같아 미리 챙겨 먹지는 않았다. 에귀디미디에 도착해서 얼마 되지 않아 두통이 심해졌다. 게다가 손끝도 저렸고 호흡도 가빠졌다. 아이도 힘들다고 해서 전날 샤모니 마을에서 산 고산병 약을 얼른 먹었다.

남편이 가방을 챙기는 사이에 아이와 내가 먼저 주변을 둘러보기 위해 다른 장소로 이동했다. 그때 남편과 떨어지면서 서로 길이 엇갈렸다. 여러 번의 전화 통화 끝에 입구에서 다시 만났는데, 이때 **남편이 크게 화를 냈다.** 평소 같으면 그런 상황에서 화를 내는 사람이 아닌데 이번에는 달랐다. 아마도 고산병 때문이리라.

10년 전 스위스에서 만나 융프라우에 올랐을 때도 남편은 고산병을 심하게 앓았고, 유난히 화를 많이 냈다. 그땐 고산병 때문이라는 생각을 못 하고 서로 심하게 다퉜는데 이번에는 달랐다. 남편의 행동이 이해되자 화가 가라앉을 때까지 가만히 흘러가게 둘 수 있었다. 그렇게 부딪혀 싸우지 않으니 캠핑장에 돌아와 아껴두었던 라면과 함께 샤모니 마트에서 산 화이트 와인을 같이 마시며 몽블랑을 바라볼 수 있다는 사실만으로도 행복감을 느낄 수 있었다.

프랑스 샤모니에서 얻은 두 가지 교훈은 첫째, 몽블랑 패스는 구글에서 mountain forecast라는 사이트(다른 산을 갈 때도 유용한 사이트)를 찾아 날씨를 확인하고 끊을 것, 둘째, 고산병 약을 꼭 먹거나, 산소 부족이 조금씩 익숙해질 수 있게 시간을 두고 위쪽으로 올라가야 한다는 것이다.

비 오는 에귀디미니의 안개 자욱한 풍경. 멋진 절경을 보지 못해 아쉬웠지만, 이런 경험도 지나고 보니 귀한 추억의 한 장면이 되었다.

빗속에서 루지 타기

에귀디미디에서 내려와 샤모니 마을에서 유명한 수제 햄버거 가게인 포코로코 버거Poco Loco Burger에서 현지인과 같은 테이블에 앉아 이야기를 나누며 햄버거를 먹었다. 여름에는 사

비 덕분에 일정 욕심을 내려놓으니 아이와 함께하는 순간에 더 집중할 수 있었다.

진을 찍고 겨울에는 스키 강사를 하는 프랑스 사람이었다. 비가 와서 에귀디미디의 멋진 정상을 보지 못해 슬프다고 했더니, 한동안 이곳에 비가 내리지 않아 가뭄이 심했는데 내리는 비로 조금은 해갈되어서 다행이라고 답했다. 현지인의 시선으로 다시 생각하니 내리는 비도 나쁘지 않았다. 이렇듯 여행은 다양한 시선을 갖도록 도와주는 역할을 한다.

전날 몽땅베르 산악열차를 타고 올라갈 때 루지 시설을 봤다. 아이는 루지를 타고 싶다고 종일 졸라댔다. 햄버거를 먹고 루지 타는 곳으로 걸어가니 다행히 루지가 운행되고 있었고 사람도 많지 않았다. 한 번에 8유로, 여섯 번 운행에 42유로였다. 한 루지에 두 명이 탈 수 있으므로 나와 남편이 번갈아가면서 아이와 탔다. 속도는 스스로 조절할 수 있었고, 약간 무섭긴 했지만 스릴이 넘쳤다. 루지가 내려갈 때 속도가 빨라지면 마음껏 소리를 지르며 웃었다.

날씨가 좋았으면 욕심부리고 돌아다녀 여유롭지 못했을 텐데, 비가 온 덕분에 여유로운 여행을 할 수 있어서 그것도 좋았다. 여행에서의 날씨는 가장 중요한 요소 중 하나지만, 내가 조절할 수 있는 부분이 아니기 때문에 상황에 맞춰 다른 선택을 하고 즐기면 된다.

캠핑카에 돌아와 "우리, 라면을 너무 아끼는 거 아니야?"라는 아이의 한마디에 온 가족이 함께 웃으며 꿀맛 나는 라면을 끓여 먹었다.

유럽 캠핑카 여행 9일차 영상 QR

고르너그라트 트레킹 3만 3천 보의 기록

스위스 마터호른

프랑크푸르트

⑩ 뷔르츠부르크

① 211Km

켈

프랑스

231Km
②

콘스탄츠

아본

장크트갈렌
192Km

독일

⑨ 350Km

⑧ 156Km
퓌센

오스트리아

스위스

베른

인터라켄
114Km

⑥

⑦ 301Km

③ 174Km

그린델발트
피르스트

라우터브루넨

생모리츠

⑤

제네바

④ 143Km

81.7Km

티라노

이탈리아

마터호른

샤모니몽블랑

(D+10 ~ D+11)

고르너그라트에서 마터호른 바라보며 트레킹하기 (9.14 ~ 9.15)

샤모니 몽블랑에서 체르마트 옆 테시까지

다음 날까지 비가 온다고 해서 샤모니 몽블랑을 떠나 체르마트로 가는 일정을 세웠다. 체르마트에서는 마터호른을 볼 예정이었다. 하지만 떠나는 당일, 봉우리 위에 약간의 안개가 있을 뿐 샤모니의 날씨는 환상적이었다. 몽블랑 꼭대기에 햇살이 비쳐 봉우리에 왕관을 씌워놓은 듯했다.

샤모니 첫날 우연히 마주친 한국 아저씨들이 체르마트보다 샤모니가 훨씬 좋아서 다시 돌아왔다고 해서, 순간 샤모니에 더 머물고 마터호른 가는 일정을 뺄까 고민하기도 했다. 남편도 날씨가 좋아지자 더 머물고 싶은 듯했다. 하지만 내 눈으로 직접 마터호른이 좋은지 샤모니가 좋은지 판단하고 싶었기에 마터호른을 볼 수 있는 체르마트 근처로 향했다.

체르마트는 환경보호지구로 지정된 전기차만이 들어갈 수 있어 근처 테시^{Täsch}라는 지역에서 캠핑장을 찾았다. 구글 지도에서 가장 평가가 좋은 **캠핑 아터멘첸**^{Camping Attermenzen}을 선택했다. 마터호른과 고르너그라트뿐 아니라 주변 봉우리들에 둘러싸여 있는 멋진 경관의 캠핑장이었다.

캠핑장은 공간이 넓어 아무 곳에나 주차할 수 있고, 캠핑카들이 많지 않아 가장 좋은 곳으로 골라 자리를 잡았다. 화장실, 샤워실도 완벽할 정도로 깔끔하고 좋았지만, 접근성은 그리 좋지 않아 캠핑장에서 체르마트 시내를 가려면 택시를 타고 이동해야 했다. 택시 셔틀은 오전 7시부터 운행되고, 돌아오는 마지막 셔틀은 저녁 7시였다. 금액은 편도 8프랑, 왕복 16프랑이었다. 캠핑사이트도 현금으로만 받고, 이틀에 102프랑을 냈다.

샤모니 몽블랑에서 사온 삼겹살을 구워 와인과 함께 마시며, 캠핑장에서 바라본 몽블랑을 펜 드로잉으로 완성했다.

유럽 캠핑카 여행 10일차 영상 QR

마터호른을 바라보며 3만 3천보를 걷다

새벽에 빗방울 떨어지는 소리가 났다. 샤모니에서 테시까지 올 때도 환상적이었던 날씨가 또 급변했다. 비가 내리고 안개가 자욱해 준비해간 우비를 입었다. 캠핑장 카운터에 있는 사람에게 트레킹을 하려면 어디가 적당하냐고 물어보니 '고르너그라트Gornergrat'를 알려주었다. 택시를 타고 체르마트까지 가긴 했는데, 고르너그라트까지 어떻게 가야 하는지 몰라 헤매다가 역이 따로 있는 것을 발견했다.

스마트폰 어플을 이용해 스위스 트래블 패스 15일짜리(어

고르너그라트 전망대에서 안개가 걷혀 잠시 모습을 드러낸 마터호른을 뒤로하고 춤추는 아이

른 1명당 429프랑. 아이는 가족 그룹에 속해 있어 무료)를 발권하고, 고르너그라트로 올라가는 산악열차는 역의 키오스크에서 반값으로 발권했다. 스위스 트래블 패스만 있으면 스위스의 교통수단이 전부 무료인 줄 알았는데, 가는 곳마다 케이블이나 산악열차가 반값으로 할인되는 곳도 있고, 아예 할인이 되지 않는 곳도 있었다.

안개가 자욱한 날이었다. 프랑스 몽블랑에 이어 날씨의 선택을 받지 못해 아쉬웠다. 날씨만 좋았다면 마터호른의 동벽을 바라볼 수 있었을 전망대에 앉았다. 바람이 불어 구름이 걷히고 잠시 마터호른이 몸을 드러냈다. 전망대에 함께 있는 사람들이 환호성을 지르며 사진을 찍었다. 환호성에 맞춰 아이는 즐거움을 온몸으로 표현하는 막춤을 췄다. 이내 마터호른은 다시 구름 속으로 사라졌다. 밀당이라도 하듯 마터호른은 모습을 드러냈다 감추기를 여러 번 반복했다.

이제 밀고 당기기를 그만하기로 하고, 우리는 고르너그라트 전망대에서 체르마트 마을까지 6km, 4시간가량 걸린다는 트레킹을 시작했다. 안개로 뒤덮여 앞이 보이지 않을 것 같아 잠시 망설였다. 하지만 우리는 등산화를 신었고, 등산 스틱, 쌀 때는 주먹밥이었지만 정상에서 모두 흩어져버린 김 가루와 참기름을 뿌린 밥, 시금치 된장국, 초콜릿까지 완벽하게 준비한 터였다. 정 힘들면 걸어 내려가다 기차역에서 기차를 타고 체르마트까지 가면 되었다.

내려가면서 믿을 수 없는 일이 벌어졌다. 고르너그라트 봉우리와 마주하고 있는 마터호른에 구름이 걷히기 시작한 것이다. 아직 여름의 손길이 물러나기도 전이었는데 빙하는 검은색과 흰색이 섞인 기다란 망토의 모습으로 내 눈앞까지 와 있는 듯했다. 선명하게 모습을 드러낸 거대한 자연 앞에서 신나게 뛰어가는 아이가 보였다. 부모가 걷는 속도는 아랑곳하지 않은 채 활짝 웃으며 폴짝폴짝 뛰어가다 뒤를 돌아보며 우리에게 빨리 오라고 손짓하는 아이의 모습에 마음이 벅차올랐다. 역시 내 아이는 자연을 사랑하는 자유인이구나 싶은 마음이 들었다. 사방이 눈 쌓인 산봉우리와 푸르고 알록달록한 꽃이 있는 초원이 전부인 풍경이었다. 우리가 몇 시간 전에 타고 온 기차가 다시 사람들을 싣고 올라오는 모습은 말 그대로 그림 같았다. 그림보다 더 멋있는 건 지금 내 앞에 있는 풍경일 텐데도 말이다.

내려가면서 중간중간 앉아서 낱알이 흩어진 주먹밥과 보온병에 싸온 시금칫국을 나눠 먹었다. 남편의 한 모금이 우리의 세 모금 정도여서 나는 긴장하며 남편이 국을 다 먹지 않도록 눈치를 줘야 했다. 평소라면 거들떠보지도 않았을 시금칫국을 아이는 맛나게 먹으며, 시금칫국이 이렇게 맛있는 국이었냐며 호들갑을 떨었다. 그 모습이 또 너무 귀엽고 사랑스러워 끌어안고 **뽀뽀**를 해주었다.

빙하 녹은 물에 지친 발도 담가보았다. 차가움에 몸을 떨었지만 그래도 좋았다. 3시간 정도 걸어 내려왔을 때 중간에 리펠베르크^{Riffelberg} 기차역이 있었다. 우리는 1시간 정도만 더 가면 된다고 생각해서 체르마트까지 걸어가기로 했다. 스스로 지도를 잘 본다고 생각하는 남편 말을 듣고 걷기 시작한 길은 잣나무 숲이었다. 내려가는 길이 잣나무 천지라는 건 땅에 떨어진 솔방울처럼 생긴 열매에 잣이 들어 있는 걸 보고 알왔다. 솔방울에서 잣이 나오다니! 자연에 대해서 너무 무지한 건 아닐까 싶었다. 남편과 아이는 내려오면서 솔방울에 들어 있는 잣을 열심히 빼내어 까 먹었다. 아이는 재미가 있었는지 신이 나서 제법 꼼꼼하게 간 잣 알맹이를 내 입에 넣어주었다. 곳곳에 산딸기 열매도 지천이어서 연신 따서 입 속으로 넣었다. 자연으로부터 선물을 받은 듯한 느낌에 입도 즐겁고 걸음도 가볍게 걸어 내려왔다.

그렇게 걷기를 무려 5시간. 어느덧 남편도, 나도, 아이도 한계에 부딪혔다. 아이가 더는 못 걷겠다고 울음을 터뜨렸다. 갑자기 똥이 마렵다고 했다. 주변에 화장실이 없어 어찌할 바를 몰라 당황하다가 아이에게 슬쩍 끝말잇기를 하자고 제안했다. 평소에 아이가 끝말잇기를 하자고 하면 어떻게 빠져나갈까 궁리만 했는데, 그랬던 엄마가 적극적으로 끝말잇기를 함께 하니 아이는 똥 마려운 것까지 잊은 채 신이 나서 집중하며 열심히 걸었다. 그렇게 1시간을 더 걸었다. 거의 다 내려왔다고 생각했는데 캠핑장까지 가는 택시 타는 곳을 찾지 못해 헤맸다. 아이는 급기야 더는 못 걷겠다고 멈춰 서서 꼼짝도 하지 않았다.

"지금까지 정말 잘 걸었어. 이렇게 잘 걷는 초등학교 2학년 아이는 없을걸? 그런데 엄마도 정말 힘들어. 너를 업어주고 싶지만, 그러면 엄마가 쓰러질지도 몰라. 지금까지 잘 걸었으니 조금만 더 힘을 내보자. 엄마가 내려가면 바로 콜라하고 아이스크림 사줄게."

콜라와 아이스크림이라는 말에 아이가 갑자기 활짝 웃으며 "정말? 콜라랑 아이스크림이랑 사줄 거야?" 하고 되물었다. 평소에는 콜라 하나도 용납하지 않는 엄마가 콜라와 아이스크림을 함께 사준다고 하니 아이는 마법의 단어에 금세 행복해했다.

다행히 우리는 막차를 탈 수 있었다. 체르마트 편의점에서 콜라를, 캠핑장에서 아이스크림을 먹은 아이는 세상 행복해했다. 나는 이날의 여행이 가장 기억에 남는다. 거의 7시간 동안 23km 산길 3만 3천 보를 걸어 내려오느라 힘들었지만, 자연에서 활짝 웃는 표정으로 뛰어다닌 아이의 모습에 벅찰 정도로 행복했기 때문이다. 힘들다고 울면서도 끝말잇기 하자는 말에 좋아하고, 콜라와 아이스크림에 1시간을 뛰어서 내려갈 수 있을 듯 힘이 생겨나는 아이의 순진한 모습이 사랑스러웠다. 지금, 여기에서 단순한 행복을 누리는 아이에게 배우는 여행이었다.

유럽 캠핑카 여행 11일차 영상 QR

고르너그라트 트레킹 길에서 안개에 쌓인 마터호른을 바라보며

멘리헨의 환상 놀이터

스위스 라우터브루넨

(D+12~D+13) 라우터브루넨 캠핑 융프라우의 별이 빛나는 밤에,
멘리헨 33번 트레킹 (9.16~9.17)

라우터브루넨의 캠핑 융프라우

전날 3만 3천 보의 여파로 너무나 피곤해서 온 가족이 아침에 늦장을 부렸다. 더욱이 아침 날씨는 환상적이었고, 다음 목적지로 이동할 라우터브루넨Lauterbrunnen은 114km, 2시간 정도만 이동하면 된다고 구글 내비가 알려주어 여유로운 오전을 보낼 수 있었다. 하루 더 머물렀으면 마터호른 빙하 파라다이스 전망대에서 몽블랑, 마터호른, 융프라우까지 한 번에 볼 수 있었을지도 모르지만, 전날 7시간 트레킹으로 충분히 마터호른을 즐겼다고 생각하기로 했다.

라우터브루넨에서 가장 유명하다고 알려진 캠핑 융프라우 Camping Jungfrau에서 사촌동생 가족을 한 번 더 만나 주말을 함께 하기로 했다. 캠핑 융프라우를 목적지로 설정하고 출발했다. 라우터브루넨으로 가는 길은 수월할 줄 알았는데 구글 내비가 고펜슈타인Goppenstein 기차역으로 안내했다. 기차역일 리가 없기에 계속 직진했지만 막다른 곳이었다. 문득 유럽 캠핑카 여행을 떠나기 전 〈EBS 세계테마기행〉 '스위스 편'을 본 기억이 떠올랐다. 뢰치베르크 터널에서 기차가 차를 싣고 지역을 이동하는 장면이었다.

새로운 경험이라 두려웠지만, 기차역에서 27프랑을 주고 티켓(온라인은 25프랑)을 끊었다. 자동차 종류별로 줄을 서서 기다리는데, 반대 방향에서 도착한 기차에서 캠핑카와 자동차, 오토바이들이 끊임없이 내렸다. 우리가 탄 크기의 캠핑카도 있어서 안심했다. 우리는 기차에 실린 캠핑카 안에서 그대로 앉아 있었다. 차를 태운 기차는 25분 정도 지나서 칸더슈테크^{Kandersteg} 기차역에 도착했다. 나중에 확인해보니, 뢰치베르크 터널을 통과하지 않으면 돌아서 약 3시간가량을 더 운전해야 한다고 한다.

인터라켄 툰 호수를 지나 라우터브루넨 캠핑 융프라우에 도착했다. 슈타우프바흐 폭포 앞에 있는 캠핑 융프라우는 지금까지 다녔던 캠핑사이트와는 비교할 수 없을 정도로 넓었다. 리셉션에서도 한참이나 줄을 서야 했다. 캠핑사이트가 크다고 해서 전부 좋은 건 아니라는 걸 캠핑 융프라우에 와서 알았다(어른 2명, 아이 1명, 2박에 126프랑). 풍경과 편의시설 중 하나를 포기해야 했는데, 우리는 편의시설에서는 멀지만 바로 뒤에 강이 흐르고 맞은편으로 슈타우프바흐 폭포가 잘 보이는 곳에 자리를 잡았다.

사촌동생 식구는 자가용을 가져와 캠핑카 옆에 차박을 준비했다. 우리는 함께 모여 간단하게 퐁듀를 만들어서 먹었는

라우터브루넨 캠핑장에서 보이는 슈타우프바흐 폭포는 예술이었다. 캠핑카 옆에서 차박을 하는 사촌동생 가족네와 함께 화이트 와인을 넣어 만드는 스위스 전통음식 퐁듀도 만들어 먹었다.

데, 요리는 어렵지 않았고 게다가 맛있기까지 했다. 2주 연속으로 스위스 음식을 직접 만들어 먹을 수 있는 좋은 기회였다. 캠핑 융프라우의 밤은 수많은 별로 빛났고 아름다웠다. 와인과 함께 시작된 이야기는 계속되었고, 캠핑을 시작하고 처음으로 밤 11시 30분 이후에 잠자리에 들었다.

유럽 캠핑카 여행 12일차 영상 QR

멘리헨의 환상 놀이터와 33번 트레킹 길

라우터브루넨에는 다양한 즐길거리가 있다고 했는데, 선택지가 많아서 선택이 힘들었다. 나와 같은 MBTI P형인 사촌 동생의 아내가 구글 지도를 살펴보더니 **멘리헨**Maennlichen이라는 장소를 선택했다. 그곳에 아이들이 놀 만한 멋진 놀이터가 있다는 것이다. 처음엔 놀이터를 가려고 이곳까지 온 건 아니지 않냐는 생각이 들었지만, 정상에 올라간 후 놀랍도록 아름다운 정경에 할 말을 잃었다. 알고 보니 그곳은 '아이거, 뮌히, 융프라우'가 담긴 360도 파노라마를 감상할 수 있는 곳으로 손꼽히는 유명한 관광지였다.

아이들은 대형 젖소 모형이 있는 미끄럼틀을 비롯해 각종 놀이기구를 이용해 신나게 놀았고, 어른들은 멋진 풍경을 눈앞에 두고 감자칩에 맥주 한잔 할 수 있는 곳이었다. 아이들은 놀 곳이 있으면 부모가 자유시간을 갖도록 내버려둔다. 그러면 부모는 엽서 같은 풍경이 있는 곳에서 힐링의 시간을 가질 수 있다.

라우터브루넨 역에서 **벵겐** 역까지 열차를 타고 이동하고 (스위스 트래블 패스는 무료), **멘리헨**으로 가는 케이블카는 50% 할인을 받아 21.8프랑을 지불했다. 멘리헨에서 **클라이네 샤이덱**까지 가는 트레킹 길은 유모차가 다닐 수 있을 정도로 쉽

라우터브루넨-벵겐(열차)-멘리헨(케이블카)으로 이동. 멘리헨의 젖소 미끄럼틀과 아름다운 33
번 트레킹 길을 만났다.

멘리헨 33번 트레킹 길. 아이거, 묀히, 융프라우를 왼쪽에 두고 여유롭게 걸을 수 있는 멋진 길이다.

다고 해서 걸어 내려가고 있었다. 갑자기 어딘가에서 한국인 중년 여성이 뛰어와 사진을 찍어달라고 부탁했다. 그녀는 **멘리헨의 33번 트레킹 길**이 지금까지 다녀본 곳 중에서 최고라며 흥분했다. 혼자 여행을 다닌다는 여성은 진정 자유를 만끽하는 듯 보였다.

얼마 걷지 않았는데 아이가 발이 아프다고 했다. 남편도 이틀 전 고르너그라트에서 7시간이나 걸어서 무릎과 허리가 성치 않았다. 나와 사촌동생 아내, 아홉 살 조카는 아이거, 묀히, 융프라우를 왼쪽에 두고 걸을 수 있는 완만한 길을 따라 내려가기로 하고, 나머지는 케이블카를 타고 내려가 캠핑장에서 만나기로 했다.

　남편과 아이를 그냥 보낸 게 아쉬울 정도로 멘리헨 33번 트레킹 길은 완만할뿐더러 벅차게 아름다웠다. 파란 하늘에 떠 있는 구름과 아이거, 묀히, 융프라우 봉우리들 위에 살짝 쌓여 있는 눈이 비현실적이었다. 클라이네 샤이덱까지 사촌 동생 아내와 서로의 삶에 대해 이야기하며 풍경에 취해 가볍게 걸었다.

　캠핑장에 도착해서 부대찌개를 끓이고, 프랑스 샤모니에서 구입해온 삼겹살을 구워서 와인과 함께 먹었다. 캠핑장에는 모닥불을 피울 수 있는 공간도 있었다. 나무는 따로 살 필요 없이 충분히 채워져 있었고, 이 금액은 철수할 때 기부금으로 채우면 되었다. 와인을 마시며 밤이 늦도록 도란도란 이야기를 나누니 하루가 지나는 게 또 아쉬웠다. 하지만 전날 너무 늦게 잠들었고, 다음 날 여행에 차질이 있으면 안 되니 우리 부부는 일찍 잠에 들었는데, 사촌동생 부부는 색색깔의 조명으로 한층 멋져진 슈타우프바흐 폭포와 무수한 별을 바라보며 캠핑 의자에 앉아 늦게까지 이야기를 나누었다고 했다.

유럽 캠핑카 여행 13일차 영상 QR

브리엔츠 호수 앞에서 퇴사 결정

스위스 인터라켄

（D+14～D+16）
인터라켄, 피르스트, 퇴사 결정, 그리고 새로운 만남（9.18～9.20）

그린델발트, '텐트 밖은 유럽'을 경험하고 싶었지만…

인터라켄 근처에는 그린델발트, 피르스트, 브리엔츠 등 한국인이 사랑하는 관광지가 곳곳에 포진해 있다. 남들이 하는 관광을 따라하고 싶지는 않았지만, 한국인이 많이 가는 이유는 그만큼 아름다운 곳이기도 하기에 이곳에 좀 더 오래 머물기로 했다.

지금까지 캠핑장 선택에 별 의견을 내지 않았던 남편이 이번에는 배우 유해진이 출연한 〈텐트 밖은 유럽〉에 나온 **홀드리오 캠핑장**에 가야 한다고 우겨서 다음 캠핑장으로 정했다. 전날 날씨는 환상적이었는데 이날은 비가 추적추적 내렸다.

캠핑 융프라우에서 30분 정도 구불구불한 산길을 따라 캠핑 홀드리오Camping Holdrio에 도착했다. 내리는 비가 더욱더 운치 있고 근사한 풍경을 만들어냈다. 하지만 우리가 가져온 5m 이상 모터홈은 들어갈 수가 없는 곳이었다. 좁은 캠핑사이트에서 차를 돌려 나가는 순간 캠핑카 후미등이 나무에 부딪혀 깨졌다. 이미 벌어진 일은 어쩔 수 없는 법. 〈텐트 밖은 유럽〉에서 보았던 명풍경을 놓쳤고 캠핑카는 망가졌지만, 바로 옆에 있는 ASPEN 호텔에서 따뜻한 라떼를 마시니 마음이 진정되었다.

캠핑 홀드리오는 작은 캠핑장으로, 지금까지 지내온 다른 캠핑장과는 달리 시설이 열악하고 와이파이 서비스가 되지 않았다. 하지만 풍경 하나로 이 모든 불편함이 상쇄되고, 다닥다닥 붙어 있는 텐트도 낭만적으로 보였다. 우리는 24시간 시시각각으로 변하는 횔드리오의 풍경을 보지 못하는 아쉬움을 뒤로하고 TCS 캠핑 인터라켄^{Camping Interlaken}으로 향했다.

TCS 캠핑장은 이번이 세 번째였다. 여행이 중반으로 접어드니 익숙함을 찾게 되는 듯했다. 하지만 TCS 캠핑 인터라켄도 탁월한 선택이었다. 툰 호수와 브리엔츠 호수 중간에 이흐르는 아레강 줄기 바로 옆에 있는 곳이라 유람선 선착장이 앞에 있고, 조금만 걸어가면 인터라켄 Ost 역이 있어 다른 곳으로의 이동도 쉬웠다. 특히 아이는 캠핑카 호수 앞의 오리들에게 빵을 던져주고 모여든 오리들의 숫자를 세며 즐거워했고, 캠핑장 안에서 얌전한 고양이와 사진도 찍을 수 있다며 인터라켄에 꼭 다시 오고 싶다고 했다.

캠핑장에서 라면을 끓여 먹고, 인터라켄 근처 성 베아투스 동굴에 갔다. 비 오는 날이라 실외 활동에 제약이 있었다. 성 베아투스 동굴은 절벽 위에 있었고, 동굴 위에서 바라본 툰 호수는 절경이었다. 비가 온 것이 행운이었다. 비가 오지 않았으면 들르지 않았을 테니까.

유럽 캠핑카 여행 14일차 영상 QR

피르스트의 놀이터

인터라켄 Ost 역에서 기차를 타고 그린델발트 역까지 간 뒤 다시 버스를 타고 피르스트First 입구에 도착했다. 피르스트 는 스위스에서 할 수 있는 각종 액티비티를 체험할 수 있는 곳으로 플라이어, 글라이더, 마운틴카트, 트로티바이크를 정 상에서부터 내려오면서 즐길 수 있다. 하지만 키 130cm가 되지 않는 아이는 액티비티에 참여할 수 없었다. 남편이나 내 가 액티비티를 할 수도 있지만, 매표소 직원이 부모가 액티비 티를 하게 되면 아이는 굉장히 슬퍼할 거라고 조언을 주었기 에 우리는 깔끔하게 포기했다. 중학생이 되면 다시 와서 꼭 액티비티를 함께 하자는 약속도 잊지 않았다.

스위스에서 타본 케이블카 중 가장 길었던 케이블카를 타 고 15분가량 올라갔을 무렵, 중간에 멈추어 액티비티 할 사람 들을 내려주는 정거장 아래로 놀이터가 보였다. 아이는 액티 비티를 할 수 없음에 뾰로통해졌다가 이내 놀이터를 보고 흥 분하며 저곳에 가자고 했다. 우리는 내려오면서 가는 것으로 협상을 했다. 안개가 잔뜩 끼어 있는 피르스트 전망대였지만

안개가 잔뜩 끼어 있는 피르스트 전망대

줄을 서서 기다려 자욱한 안개를 뒤로하고 가족 사진을 찍었
다. 드라마 〈사랑의 불시착〉 촬영 장소로 유명해진 곳에서 인
증사진도 찍었다.

전망대 안 식당에서 감자튀김과 알리오 올리오 스파게티,
맥주 한 병을 주문해 먹었다. 기대했던 맛이 아니라 거의 남
기고, 바흐알프제 호수까지 지친 몸을 이끌고 트레킹을 했다.
아름다운 풍경을 보면 걷는 즐거움이 보태졌을 텐데 안개 때
문인지 유난히도 힘든 트레킹이었다.

안개가 뒤덮여 풍경이 잘 보이지 않는 피르스트에서 약

2~3시간 트레킹을 하고 케이블카를 탔다. 내려가면서 아래로 놀이터가 보였다. 순간 아이와 눈이 마주쳤다. 갑자기 눈물이 그렁그렁해지면서 놀이터에 왜 안 가냐고, 지금 가자며 닭똥 같은 눈물을 뚝뚝 떨어뜨렸다. 남편과 나는 얼음이 되었고, 이 상황을 어떻게 헤쳐나가야 할지 머리를 굴리기 시작했다. 오늘은 피곤하니까 다음에 다른 놀이터에 가자고 설득하거나, 다시 올라갈 수 없으니 포기하라고 아이의 속상한 마음에 통제라는 불을 뿜을 것인가를 고민했다.

일단 아이를 향해 너의 마음을 매우 이해한다는 표정을 지어주었다. "다시 올라가는 건 불가능해. 게다가 아빠가 케이블카 표까지 잃어버려서 우리가 표가 있다는 것도 증명할 수 없거든. 우리, 다음에 갈 다른 놀이터를 찾아볼까?" 나의 조심스런 말에 이어 남편도 아이를 설득했지만 소용이 없었다. 특히 아이가 피곤해서 잠투정이 시작되었을 때는 꼭 끝을 보려고 하기 때문에 일을 크게 만들고 싶지 않았다. 무엇보다 아이의 마음이 진정으로 이해가 되었다. '액티비티도 하지 못하고, 연일 이어진 강행군으로 피곤한 가운데 엄마와 아빠 따라 트레킹까지 힘들게 했는데 내 작은 소원 하나 들어주지 않는다고?'라고 외치는 듯했다.

케이블카를 타고 15분을 내려와서, 직원에게 최대한 불쌍

바흐알프제 호수 가는 트레킹 길

한 표정을 지으며 상황을 설명했다. "아이에게 내려오면서 놀이터에 가자고 했거든. 근데 거기서 내리는 걸 깜빡했어. 보다시피(아이를 가리키며) 아이는 몹시 슬퍼하고 있고, 거기다가 내 남편은 왕복 케이블카 티켓을 잃어버렸어. 케이블카 타고 다시 올라가서 놀이터에만 다녀와도 될까?"

내가 이렇게 최대한 불쌍한 표정을 지으며 말할 수 있었던 이유는 2001년 덴마크에 3개월간 머물렀을 때의 경험 덕분이었다. 영국 런던에서 덴마크 빌런드로 돌아갈 때 게트윅 공

케이블카로 다시 올라가 들른 피르스트 놀이터

항에서 비행기를 타야 하는데 히드로 공항으로 갔다. 불행히
도 비행기를 놓쳤는데, 히드로에서 게트윅 공항으로 가던 버
스 안에서 빌런드 공항에 마중 나와 있을 덴마크 거래처 이사
님인 예스와 통화를 했다. 그는 비행기 표를 다시 끊어야 할
것 같다고 했다. 상당히 좌절해 있는 나에게 예스는 "카운터

로 가서 최대한 불쌍한 표정을 짓고 상황을 설명해. 그리고 다음 네 생일에 초대하겠다고 해봐"라며 평소의 유머를 잊지 않고 조언했다(예스는 나의 결혼식 축사를 위해 덴마크에서 직접 와준 삼촌 같은 분이다).

내 생일에 초대하겠다는 말은 하지 않았지만, 나는 밑져야 본전이란 생각으로 최대한 불쌍한 표정을 짓고 상황을 설명했는데, 카운터 직원이 이해를 해주며 다음 비행기 표를 비용을 받지 않고 끊어주었다. 그 경험 이후로 나는 시도하지 않는 것보다 시도하는 게 훨씬 좋다고 생각하게 되었고, 이는 내 삶의 태도에도 영향을 주었다.

케이블카 관리 직원은 너무도 흔쾌히 다녀오라고 했다. 나는 마음속으론 안도하면서도, 아이가 이런 모습에서 무언가를 느꼈으면 했다. '어쩔 수 없는 상황이라는 건 없고, 안 되더라도 일단 시도는 해볼 것'이다. 물론 아이는 놀이터라는 목적보다는 자신의 의견을 끝까지 관철한 것에 대한 만족감이 더 컸겠지만 말이다. 놀이터를 찾아 헤매는 여정은 여행하는 동안 계속되었다. 실은 아이에게 여행이 중요한 게 아닐 수도 있다. 아이들은 현재를 산다. 현재 내가 있는 곳에서 기쁨을 느낄 수 있다면 그것으로 충분하다.

유럽 캠핑카 여행 15일차 영상 QR

브리엔츠 마을에서 일어난 일

TCS 캠핑 인터라켄에서 도보로 5분 거리에 하더클룸 전망대를 오를 수 있는 산악열차가 있다. 남편이 가보고 싶다고 해서 오른 작은 전망대였는데 기대 이상이었다. 맑은 날에는 묀히, 융프라우, 아이거를 한 번에 선명하게 볼 수 있는 곳이다. 여행 떠나기 전 〈EBS 세계테마기행〉을 보며 스위스에 대해 알아봤던 아이가 세 개의 봉우리를 알아맞춰서 놀랐다.

부지런히 움직인 덕에 브리엔츠 호수에서 유람선을 탈 수 있었다. 스위스 트래블 패스가 있으면 무료다. 브리엔츠 호숫가 작은 마을에 도착해서 호수 앞 작은 공원에서 제공되는 캠핑 의자에 앉아 남편과 함께 느긋하게 맥주 한 캔을 마셨다.

비현실적인 풍경 앞에 앉아서 자유로움을 누리고 있으니 오랫동안 했던 문제에 대한 답이 나왔다. 바로 '퇴사'였다. 여행을 끝내고 9월 중순 한국에 돌아가면 10월 중순에 복직이 기다리고 있었다. 1년 7개월간 휴직하면서부터 했던 '퇴사'에 대한 고민을 끝낼 시점이 다가왔다. 이미 답은 '퇴사'였으나 시기의 문제가 있었다. 즉시 그룹장님께 퇴사 의사를 밝히고, 인사팀에 희망퇴직이 가능한지 문의해놓았다. 주사위는 던져졌다(며칠 후 인사팀에서 연락이 오는데, 희망퇴직은 불가능하다고 해서 일단 복직 신청서를 보내고 복직했다).

캠핑장으로 초대한 신혼부부

여행을 풍요롭게 만드는 방법 중 내가 가장 좋아하는 건 '여행지에서 친구 만들기'다. 스위스 캠핑카 여행에서 아쉬웠던 점은 바로 낯선 여행객 혹은 현지인과의 대화에 적극적이지 못했고, 여행 중 친구를 만들려고 노력하지 않았다는 것이다. 어쩌면 진짜 아이에게 가르치고 싶었던 것이 사람과의 어울림이었을 텐데도, 나이가 들수록 새로운 관계에 유연해지기가 힘들어졌기 때문일까. 그렇더라도 스위스 여행에서 기억에 남는 만남은 있었다.

안개가 자욱했던 어느 날, 인터라켄 그린델발트 역에서 피르스트에 가려던 중이었다. 구글 지도와 SBB 앱(스위스의 교통 루트와 시간을 알려주는 앱)에 의지해 피르스트에 가려고 버스를 기다리고 있었다. 그때 젊은 한국 남자가 다가오더니 피르스트에 가려면 몇 번 버스를 타야 하나고 물었다. 우리도 그곳에 가는 길이라고 친절하게 알려줬다. 넉살 좋은 청년과 그의 아내는 버스에 타서도 연신 우리에게 말을 걸었다.

이 커플은 스위스를 거쳐 프랑스로 신혼여행을 왔다고 했다. 들어보니 큰 틀만 정해놓고 그날 가고 싶은 곳을 다니는 우리와 같은 P형의 여행을 하고 있었다. 피르스트에는 액티비티를 하러 왔다고 했다. 한국인들끼리는 절대 말을 걸지 않는다는 느낌을 받은 스위스 여행에서 신혼부부가 살갑게 다가와 우리에게 먼저 말을 걸어왔고, 정상에서 다시 마주쳐서 옆 테이블에서 함께 식사도 했다. 몇 번의 대화로 그들이 어느 지역에서 왔고 무슨 일을 하는지 알 수 있었다. 우리가 캠핑카 여행 중이라고 하자 신기해하며 매우 부러워했다. 우리는 신혼부부를 인터라켄 호수 앞에 있는 캠핑사이트로 초대했다.

신혼부부는 이틀 후에 프랑스로 이동한다며 다음 날 저녁 캠핑사이트로 왔다. 남편은 안심과 등심을 굽고, 신혼부부가 사온 와인 세 병과 우리가 가진 와인 두 병을 함께 마셨다. 캠핑카 안에서 전자책을 보고 있던 아이는 어른들의 대화 속에서 엄마가 출간한 《독서의 기록》 이야기가 들리자 《독서의 기록》 책과 굿즈, 사인할 펜을 갖고 밖으로 나왔다. 엄마가 책을 출간한 것을 자랑스럽게 생각하는 걸 행동으로 은근슬쩍 표현한 것이다.

어른들의 대화를 다 듣고 있었던 아이는 무료했는지 슬쩍 끼어들 기회도 엿보고 있었다. 어느 사이엔가 신혼부부 사이에 끼더니 삼촌(형은 아니니까) 무릎에 앉아 있었다. 밤 10시까지 인터라켄 호수와 청명한 밤하늘, 쾌적한 가을의 공기를 느

브리엔츠 호수 유람선(스위스 트래블 패스는 무료) / 브리엔츠 호숫가 캠핑사이트로 초대한 신혼 부부와 함께

끼며 이야기꽃을 피웠다.

　다음 날 프랑스로 이동한다던 신혼부부는 거나하게 취해서 막차를 타고 숙소로 돌아갔다. 그들에게 행복한 신혼여행의 한 페이지를 채울 추억을 만들어준 것 같아 뿌듯했다. 물론 아이와 우리 부부에게도 즐거운 경험이었다. 여행의 추억은 여행지에서 만난 사람을 중심으로 만들어진다. 앞으로도 아이와의 여행에서 유연하게 다른 여행자 혹은 현지인과 소통하고 추억을 만드는 여행을 하고 싶다.

유럽 캠핑카 여행 16일차 영상 QR

피츠 나이어 위에 뜬 헬리콥터

스위스 생모리츠

(D+17~D+20) 생모리츠, 실스마리아 니체의 집, 피츠 나이어에서 조난할 뻔,
베르니나 익스프레스 파노라마 기차로 이탈리아 가기 (9.21~9.24)

생모리츠까지 6시간을 캠핑카로 이동하다

생모리츠^{St. Moritz}를 다음 목적지로 정한 이유는 천장이 뚫려 있는 파노라마 기차인 베르니나 익스프레스를 타고 이탈리아 티라노에 가기 위해서였다. 게다가《알프스 자동차 여행 66》의 작가 양영훈 님의 추천을 받은 곳, 영화〈클라우즈 오브 실스마리아〉의 배경지인 실스마리아도 가까운 곳에 있다.

인터라켄에서 생모리츠까지 301km, 약 6시간을 이동했다. 눈 쌓인 겨울에는 절대 운전할 수 없을 것 같은 고불고불한 산길을 남편은 묘기하듯 운전했다. 아래가 절벽이라 남편에게 연신 속도를 줄이라고 잔소리하면서 심장 쫄깃한 긴장의 시간을 통과했다. 가는 중에 아이가 심하게 멀미를 하기도 했다.

점심때가 되어 산 위 주차장에 캠핑카를 세우고 지금까지 먹은 것 중 가장 맛있는 짜파게티를 먹었다. 이동하는 시간은 길었지만 여러 개의 봉우리 사이에 빙하가 얼어 있고, 산 아래로 보이는 작은 빙하 호수의 절경을 보느라 지루할 틈이 없었다. 정작 생모리츠 근처에 도착하자 삭막한 돌로 된 산봉우리들만 보였다. 이걸 보려고 6시간을 운전해서 왔나 살짝 실망하는 마음도 들었다. 설상가상으로 날씨도 비가 올 듯 우중충했다.

캠핑장은 기차역이 가까운 TCS 캠핑 사메단Camping Samedan
으로 정했다(어른 2명, 아이 1명, 1박에 49프랑). 꽤 오래된 듯했지
만 시설은 깔끔했고, 와이파이도 잘 작동했다. 빈자리가 거
의 없이 캠핑카가 세워져 있었는데, 옆자리 노부부를 제외하
고는 다른 사람과 거의 마주치지 않았을 정도로 조용한 곳이
었다.

저녁에 도착해서 전날 산 송아지 고기와 등심을 구워 먹었
다. 스위스 곳곳에 있는 쿱COOP이라는 마트에서 항상 신선한
고기와 야채, 과일을 살 수 있었다. 우리 가족이 스위스에서
가장 많이 의지했고 좋아했던 곳이 쿱 마트였는데, 여행의 중
반부터는 쿱에서 파는 소고기를 거의 매일 사서 구워 먹었다.
한 덩어리만 먹자고 다짐하다가도 입에 넣는 순간 그냥 사라
져버릴 정도로 맛있어 다음 날까지 먹어야 하는 고기를 한 번
에 먹어치우기 일쑤였다.

저녁을 먹은 후 아이와 나는 여행의 기록을 하고, 남편은
캠핑장 세탁기로 빨래를 했다. 캠핑장에서는 남편이 항상 설
거지와 빨래 건조까지 깔끔하게 처리해주었기 때문에 늘 든
든하고 고마웠다. 특히 6시간이나 긴장의 캠핑카 운전을 마
친 후 요리도 하고, 세탁과 건조가 끝날 때까지 잠을 이루지

생모리츠의 TCS 사메단 캠핑장 가는 길 / 캠핑장 도착하자마자 고기 굽는 남편, 그리고 옆에서 와인 마시는 나

못한 남편에게 진심 든든하고 감사한 마음이 들었다. 다음 날 그 마음이 사라진다 해도 말이다.

유럽 캠핑카 여행 17일차 영상 QR

베르니나 익스프레스 타고 이탈리아 티라노로

생모리츠에 온 가장 큰 이유가 베르니나 익스프레스를 타고 멋진 세계문화유산을 감상하기 위함이었는데, 새벽부터 거친 빗소리가 들렸다. 알프스의 날씨는 예측할 수가 없다. 9월 중순부터 추워지기 시작해서 비가 자주 온다고 했는데 정말 그랬다.

베르니나 익스프레스는 스위스 트래블 패스가 있더라도 좌석당 28프랑에 예약을 해야 한다. 좌석 예약까지 했으니 가지 않을 수는 없었고, 날씨 때문에 여행 일정을 포기하고 싶지 않아 생모리츠 역에서 베르니나 익스프레스에 올라탔다. 생모리츠 역까지 가는 버스를 잘못 타는 바람에(같은 방향에서 같은 번호의 버스를 타도 도착지를 보고 타야 한다. 우리는 번호가 일치하는 것만 확인하고 탔다가 생모리츠 역의 반대 방향인 사메단 역으로 가는 버스를 탔다) 베르니나 익스프레스를 놓칠 뻔한 위기도 있었지만, 잘못 탄 버스가 다른 기차역에 가는 걸 알고 스위스 대중교통 앱인 SBB를 열어 동선을 다시 짰다. 다행히 출발 5분 전에 도착해서 라떼 한 잔은 마실 수 있었다.

이탈리아 티라노 행 기차는 천장의 반이 통유리로 되어 있어 날씨가 좋았다면 멋진 절경을 볼 수 있었을 것이다. 현실은 기차 밖으로 안개가 자욱해서 아무것도 보이지 않았다. 이것 때문에 생모리츠에 왔는데 속상했다.

하지만 일상도 그렇듯이 여행도 생각하기 나름 아닐까. 아이는 기념품으로 받은 베르니나 익스프레스 모형 기차 안에

비 오는 날 베르니나 익스프레스 파노라마 기차를 타고 이탈리아 티라노를 관광했다. 레스토랑에서 즐긴 현지 음식과 티라노 성당.

베르니나 익스프레스 파노라마 기차. 비 오고 안개 낀 날이라 절경은 보지 못했지만, 베르니나 기차 모형 안에 든 초콜릿을 받아 행복해하는 아이를 보며 덩달아 행복해졌다.

들어 있는 초콜릿을 보며 좋아했고, 이탈리아 티라노에서 한참을 검색하여 찾은 레스토랑의 음식과 하우스 와인은 신선하고 환상적이었다. 특히 기다랗고 둥그런 막대에 돌돌 말려 있는 소고기를 뜯어먹는 이탈리아 음식은 아이가 여행에서 돌아와서도 계속 다시 먹고 싶다고 할 정도로 아이의 입맛을 사로잡았다. 일찍 캠핑카로 돌아와서 내리는 빗소리를 들으며 책을 읽은 기억도 아이에게는 소중한 추억이 되었다.

유럽 캠핑카 여행 18일차 영상 QR

니체의 집이 있는 실스마리아

생모리츠를 여행지로 잡은 두 번째 이유는 실스마리아를 방문하기 위해서였다. 양영훈 작가의 책에는 생모리츠 인구의 대부분이 토박이인데, 실스마리아라는 작은 마을은 외국인 비율이 29%가 넘는다고 적혀 있었다.

프리드리히 니체는 실스마리아에서 7년간 머물며《차라투스트라는 이렇게 말했다》를 집필했다. 이곳은 니체가 사랑한 은신처이자, 건강이 좋지 않았던 그가 여름이면 와서 산책하고 요양하며 글을 쓰던 곳이다. '우리의 삶은 무한 반복된다'라는 영원회귀 사상도 실스마리아에서 탄생한 것이라고 한다. 아쉽게도 영원회귀의 영감을 주었다는 '말로야 스네이크'(산골짜기를 지나는 구름을 말함. 고개를 휘감는 움직임이 뱀의 형상을 닮았다고 해서 붙여진 이름. 영화 〈클라우즈 오브 실스마리아〉에서 언급되었으며, 영화 속 주인공이 20년 전 출연했다고 하는 가상의 영화 제목)라는 뜻은 여행 후에 알게 되었지만, 며칠 동안 비가 내린 후 맑게 갠 생모리츠의 모든 풍경이 '말로야 스네이크'를 담고 있었다는 걸 체험으로 깨달았다.

전날에 이어 다음 날도 비가 왔다. 사촌동생 아내가 추천한 설산 피츠 나이어Piz Nair는 흐린 날 오르면 볼 수 있는 게 없다는 걸 그린델발트 피르스트의 경험을 통해 깨달아 이날은 가볍게 니체 하우스Nietzsche Haus가 있는 실스마리아를 목적지로 선택했다.

호수는 봉우리로 둘러싸여 있었다. 빙하 녹은 물이 흘러 만들어진 호수의 물 빛깔은 비현실적으로 아름다웠고, 호수 바위의 비석에 새겨진 니체의 글귀('세계는 깊다. 그리고 낮이 생각한 것보다 세계는 한층 더 깊다')를 보러 가는 길의 초입은 알록달록 들꽃과 잔디가 어우러진 넓은 초원이었다. 니체의 글이 새겨진 비석으로 가던 길, 아이와 남편은 떨어진 잣들을 주워서 먹으며 신나게 걸었다. 날씨가 점점 맑아져서 눈이 쌓인 꼭대기의 장관을 제대로 볼 수 있었다.

아름다운 산길의 풍경을 감상하며 걷고 있는데, 나이가 지긋한 한 여성이 말을 걸어왔다. 어느 나라에서 왔는지, 자유여행으로 온 건지 물었다. 아이와 함께 캠핑카 여행을 왔다고 하자, 스위스에서 가장 아름다운 곳이 바로 이곳 실스마리아, 생모리츠라며 연신 극찬을 했다. 솔직히 전날까지는 왜 이곳에 왔을까, 6시간을 운전해서 온 의미가 있었을까 의심을 했다. 그런데 밤새 내린 눈으로 온 사방의 봉우리에 눈이 쌓이자 장관이었다. 1초도 망설임 없이 그 여성에게 "당신의 말에 동의한다"고 했다.

그녀는 지금은 서른여덟이 된 자녀가 어렸을 때 우리처럼 가족 캠핑을 다녔다면서 잠시 추억에 잠기는 듯했다. 도시의 번잡함 속에서 소비하는 여행이 아니라 아이와 함께 자연을 돌아보는 여행을 하는 우리를 아낌없이 칭찬해주었다. 그녀의 이야기를 들으며 아이도, 우리 부부도 시간이 지나 이런 시간들을 추억할 수 있었으면 하는 마음이 들었다.

아름다운 풍경에 더해 세계적인 대문호 니체가 사랑했던 은신처라니, 이것만으로도 세계의 사람들이 이곳을 사랑하고 수없이 찾아오는 이유가 충분했다. 오랫동안 머무르며 니체가 산책했던 길을 걷고, 니체가 글을 썼던 마을에서 글을 쓰거나 그림을 그린다면 지금 여기에서의 삶을 더 행복하게 누릴 수 있을 것 같은 느낌이었다.

얼마 전 제주에 육필 문학관이 오픈했다. 정지용 시인뿐 아니라 청록파 시인인 조지훈, 박두진, 박목월의 육필 원고를 개인이 모아서 전시한 곳이다. 이곳을 취재하기 위해 제주 MBC에서 지인에게 인터뷰를 요청해서 그때 함께 육필 문학관에 방문하여 인터뷰한 적이 있었다. 그곳을 둘러보며 떠올렸던 장소가 바로 이곳 니체 하우스였다. "스위스의 작은 마을 실스마리아에 있는 니체 하우스에는 《차라투스트라는 이

실스마리아 호수 / 니체의 글이 새겨진 비석

렇게 말했다》의 육필 초고를 비롯해 니체의 다른 육필 원고
가 그대로 보존되어 있다. 우리나라도 역사 속에 길이 남은
과거 훌륭한 문학인들의 육필 문서를 볼 수 있어 후손으로서
영광이다"라고 인터뷰를 마무리했다.

　비록 니체의 육필은 알아보지 못하지만, 이 아름다운 마을
에서 니체의 숨결을 느끼며 벅찬 감정을 느낄 수 있어 감사
했다. 마을을 떠나는데 아쉬움에 발길이 떨어지지 않았다. 이
후 나의 버킷 리스트에 '실스마리아에서 5개월간 머물며 글
쓰기'가 추가되었다. 2021년에 3년 인생 로드맵을 그렸고,

니체 하우스

꿈꾼 만큼 이루어진 걸 경험하고 다음 3년 로드맵을 신중하게 고려 중인데, 이 꿈 또한 3년 안에 꼭 실현할 예정이다.

유럽 캠핑카 여행 19일차 영상 QR

가장 기억에 남는 곳, 조난할 뻔한 피츠 나이어

가장 기억에 남는 여행의 첫 번째 조건은 바로 고생한 여행이고, 두 번째도 고생한 여행이다. 단, 아름다운 풍경과 함께 역경을 헤쳐나간 스토리가 있어야 한다. 라우터브루넨, 인터라켄에서 아름답지만 단조로운 여행을 마무리하고 다음으로 이동한 곳은 생모리츠였다. 도착한 날부터 다음 날 밤까지 계속해서 비가 쏟아졌다. 연일 비가 내려 이틀 동안 여행지를 충분히 즐기지 못한 우리는 아쉬운 마음에 이틀을 더 연장하기로 했다.

생모리츠에 도착하고 3일째 되는 날부터 파란 하늘이 보였다. 피츠 나이어는 생모리츠 인근에서 두 번째로 높은 봉우리다. 생모리츠 역에서 찬타렐라Chantarella 역과 코르비글리아Corviglia 역까지 푸니쿨라를 타고 내려서 다시 곤돌라를 타고 정상에 올랐다. 곤돌라를 타고 올라가며 내려다본 생모리츠의 풍경에 입을 다물 수가 없었다. 그야말로 말로야 스네이크를 직접 접한 느낌이었다. 안개로 둘러싸였던 삭막한 봉우리들이 사흘 동안 내린 눈으로 하얗게 뒤덮여 있었다. 봉우리 아래에는 비가 왔지만 산 정상에는 눈이 내려 새하얀 눈이 뽀송뽀송하게 쌓여 있었다.

곤돌라에서 내려 산양 동상 앞에서 사진도 찍고, 가져온 등산 스틱을 의지해 뽀드득거리는 눈을 밟으며 전망대까지 올라갔다. 파노라마로 펼쳐진 장면을 놓칠세라 눈으로 담고 사진으로 담았지만, 어떻게 해도 전부 담아낼 수 없는 미친 풍경이었다. 세상이 아름다우니 마음도 말랑말랑해지는지, 눈이 쌓인 경사진 전망대를 내려가며 다른 관광객과 눈도 마주치고 자연스레 인사도 나눴다. 한 외국인은 우리의 등산 스틱을 부러워하며 어디서 샀냐고 물어보길래 한국에서 가져왔다고 했더니 당장 살 수 없음을 아쉬워했다.

피츠 나이어 정상에 있는 카페에 들어가 나와 남편은 커피를, 아이는 따뜻한 코코아를 마시며 행복한 한때의 순간을 만끽했다. 산 아래까지 트레킹을 하기 위해 쿱 마트에서 구입한 사발면과 과일에 마음도 든든했다. 고르너그라트에서 트레킹할 때 중간에 끊지 못해 고생한 일이 떠올라 이번에는 중간역인 코르비글리아까지만 트레킹을 하기로 했다. 지도를 보며 내려가는 길과 표지판을 찾고 있는 와중에 아이는 아빠와 눈싸움을 한다고 눈을 뭉쳐 끊임없이 장난을 쳤고, 나도 잠시 아이와 함께 어린아이처럼 눈싸움을 즐겼다.

햇살이 비치는 정상의 나무집 계단에 나란히 앉아 계시던 노부부 중 할아버지가 일어나더니 눈덩이를 뭉쳐 과장된 동작으로 장난스럽게 아이에게 던지셨다. 아이는 처음에는 어리둥절했지만 이내 외국인 할아버지와 신나게 눈싸움을 했다. 그 장면이 너무나 흐뭇했다. '이게 바로 내가 여행을 온 이

산골짜기를 지나는 뱀처럼 휘감는 구름, 말로야 스네이크를
눈앞에서 확인했다.

고드름은 꼭 먹어봐야 하는 아이

유지.' 정이 많은 남편이 핫팩 하나를 꺼내 할아버지께 건네
자 할아버지는 아이처럼 활짝 웃으셨다. "역시 우리나라 핫팩
이 최고지!" 작지만 가진 것을 나누니 주는 마음이 뿌듯했다.

　본격적인 트레킹을 시작했다. 눈이 쌓인 후 우리가 가장 먼
저 정상에 올라왔기에 먼저 트레킹을 시작한 사람들의 발자
국이 없었다. 두 갈래의 길이 있었는데 우리는 오른쪽을 선택
했다. 빙하동굴에서나, 눈 쌓인 봉우리에서나 눈싸움에 푹 빠
진 아이는 남편에게 끊임없이 눈덩이를 던지며 재밌어했다.
쌓인 눈 속으로 신발이 푹푹 빠졌다. 우리는 길을 만들면서

눈싸움으로 아이에게 좋은 추억을 만들어주신 노부부와 함께

내려갔다. 그때만 해도 트레킹은 즐겁고 만족스러웠다.

어느 순간 앞장서던 남편이 "길이 없는데?"라고 말했다. '그럼 다시 케이블카를 타고 내려가자는 걸까?' 속으로 생각하며 나도 길을 찾았다. 남편 말대로 길이 없었다. 첫 직장에서 백두대간 겨울 산행을 따라간 적이 있는데, 그때도 길을 만들면서 갔었다. 그때가 왜 갑자기 떠올랐을까. 이번에도 할 수 있을 듯했다. "길은 만들면 되지. 내가 앞장설게"라고 말하자, 남편은 나를 흘낏 보더니 본인이 앞장섰다. 남편이 앞장서고 가운데엔 아이가, 그 뒤로 내가 따라갔다. 길이 보이지 않으니 경사가 진 봉우리 안의 길을 상상하며 걸을 수밖에 없었다. 종아리까지 차던 눈이 앞으로 나아갈수록 더 깊어졌다. 어른 무릎까지 눈이 차올랐고, 아이에게는 허벅지까지 눈이 올라왔다. 조금만 발을 헛디디면 아래로 굴러떨어질 것 같았다. 벼랑은 아니었지만, 봉우리 아래까지 거리가 꽤 되었다.

남편은 길을 만들며 가야 한다고 생각했는지 뒤도 돌아보지 않고 빠르게 걸었고, 가운데 낀 아이는 상황의 심각성을 알지 못한 채 천진난만하게 웃으며 장난을 쳤다. 뒤따라가던 나는 위험한 상황이니 아빠가 가는 길을 조용히 따라가자고 타일렀다. 아이는 발걸음이 빠른 아빠를 제법 잘 따라갔다. 그러다 어느 순간 장갑을 낀 손과 발이 얼었다며 고통을 호소하기 시작했다. 트레킹 운동화 안으로 눈이 잔뜩 들어가 녹아서 발이 젖은 것이다.

순간 정신이 퍼뜩 들었다. 멈춰서 왔던 길을 돌아보며 당황했다. 다시 돌아갈 수도 없었다. 머리 위에서는 조난한 사람을 찾는 듯 헬리콥터가 요란하게 날아다녔다. 생각 같아서는 즉시 도움을 요청하고 싶었다. "길은 만들면 되지"라며 내가 했던 결정을 후회했다.

조금 더 걸으니 천만다행히 따뜻한 햇볕에 노출되어 눈이 녹은 트레킹 길이 나타났다. 위로는 눈 쌓인 봉우리들이 주변을 삥 둘러싸고 있는 풍경과 걸어가는 길 아래로 초록, 에메

조난의 위기를 넘기고 아름다운 풍경을 보며 차가운 라면을 먹었던 모든 기억이 생생한 스토리가 되었다.

랄드, 파랑 등 표현할 수 없이 멋진 빛깔의 빙하 호수가 저 멀리에 펼쳐져 있었다. 비현실적인 풍경에 연신 감탄하며, 위기에서 탈출했다는 안도감과 함께 조금 더 걸어 내려갔다.

우리는 컵라면을 먹을 수 있는 가장 멋진 장소를 찾아 간이 돗자리를 펴고 앉았다. 보온병에 싸온 물은 많이 식어 있었지만 라면을 불릴 정도는 되었다. 고난을 겪고 난 후에 먹는 컵라면이 꿀맛이라며 최면을 걸었지만 그렇게 맛있지는 않았다. 남편은 신라면 봉지에 식은 물을 부어 차가운 라면을 먹어야 했다. 아이는 그 모습이 꽤나 인상적이었는지 여행을 다

피츠 나이어 정상에 있는 산양 동상과 트레킹 길에서 바라본 빙하 물이 녹은 호수

녀온 지 한참이 지난 지금도 조난할 뻔한 일보다 "아~ 아빠가 라면 봉지에 차가운 물 넣어서 먹었던 그곳?"이라고 기억한다.

조난할 뻔한 일이 없었다면 평범했을 눈 쌓인 트레킹 길이 영화를 한 편 찍은 것처럼 쫄깃한 경험으로 하나의 스토리를 만들어냈다. 눈으로 둘러싸인 멋있는 트레킹 길을 걸었다는 이야기보다는 클라이맥스가 있는 여행이 더 오래 기억되고, 이것이 또 다른 여행을 부르는 법이다.

이탈리아 티라노로 가는 R 기차. 차창 밖으로 비안코 호수가 그림처럼 펼쳐져 있다.

날씨가 여행에 지대한 영향을 준다는 걸 확실히 깨달은 우리는 피츠 나이어에서 내려와 베르니나 익스프레스와 같은 노선으로 달리는 R 라인을 탔다. 조난의 위기로 영혼이 털릴 뻔한 피곤함보다 이틀 전 안개와 비로 인해 보지 못한 진풍경을 보겠다는 의지를 불태웠다. 역시 이런 부분은 우리 부부가 제일 잘 맞는 부분이다.

스위스 트래블 패스로 R 라인을 추가 비용 없이 탈 수 있었다. 이탈리아까지는 가지 않고, 비안코 호수를 지나 중간에 알프 그륌 역에 내려 사진을 찍으며 행복한 순간을 보냈다.

이틀 전 비가 와서 아무것도 보이지 않았는데, 이날은 빙하 물이 녹아 만들어진 비안코 호수와 기차가 U자형으로 구부러지는 모습이 절경이었다.

R 라인 기차는 창문도 열 수 있어서 빛 반사 없이 멋진 풍경을 사진과 동영상으로 담아낼 수 있었다. 꼭 베르니나 익스프레스 파노라마 기차를 타지 않아도 비용 지불 없이 스위스 트래블 패스로 탈 수 있는 R 기차로 충분히 절경을 즐길 수 있다.

4박 5일, 가장 오래 머물렀던 곳인데도, 생모리츠는 우리에게 잊지 못할 아쉬운 장소로 남아 있다. 뒤의 일정은 상관하지 않고 며칠 더 머물렀으면 좋았겠다며 남편과 함께 많이 아쉬워했다. 스위스에 다시 온다면 생모리츠, 실스마리아에서 사계절을 모두 지내보고 싶다.

유럽 캠핑카 여행 20일차 영상 QR

세계에서 가장 아름다운 도서관

스위스 장크트갈렌

프랑크푸르트

⑩ 뷔르츠부르크

❶ 211Km

켈

프랑스

독일

231Km
❷

콘스탄츠

아본

❽ 156Km

퓌센

오스트리아

스위스

장크트갈렌
192Km
❼

❻

베른

인터라켄
114Km

301Km

❸
174Km

라우터브루넨

그린델발트
피르스트

❺

제네바

143Km

생모리츠

81.7Km

❹

티라노

마터호른

이탈리아

샤모니몽블랑

(D+21~D+23) 보덴호에서 만난 최고의 캠핑장, 장크트갈렌에서
'영혼을 치료하는 약국' 도서관 방문(9.25~9.27)

독일 근처로 다가가기

유럽 캠핑카 여행의 막바지로 접어들자 마음이 급해졌다. 이탈리아 돌로미테 산장, 동화 같은 마을 오스트리아 할슈타트, 남편이 우리를 꼭 데려가고 싶어 했던 첼암제, 백조의 성이 있는 슈반가우, 인스타 추천 피드로 계속 뜨던 라인 폭포까지 전부 가보고 싶었지만 선택과 집중을 해야 했다.

오스트리아에 갔다가 캠핑카를 반납하려면 동선이 길어져 할슈타트와 첼암제는 포기했다. 이탈리아에서 캠핑카를 운전하려면 번호판을 바꿔야 한다는 번거로움과 여행의 막바지라 지쳐 있었기 때문에 다른 큰 자극을 주는 일은 의도적으로 피했다. 이탈리아의 알프스인 돌로미테 산장 방문은 다음의 버킷 리스트로 남겨두었다. 결국 추천받은 곳 중 독일 국경 쪽으로 가까운 장크트갈렌Sankt Gallen(생갈렌)과 콘스탄츠를 목적지로 정했다. 하지만 이동하기 전에 꼭 가야 할 곳이 있었다. 바로 놀이터이다.

스위스 곳곳에 있는 놀이터는 작은 놀이공원같이 시설이 잘 되어 있다. 멘리헨의 아름다운 풍경 속에 있던 젖소 놀이터 이후에 목적지마다 괜찮은 놀이터가 있는지 검색했다. 전날 피츠 나이어와 베르니나 로드를 다시 다녀오느라 놀이터

아침 일찍 방문했더니 서리가 잔뜩 끼어 있는 놀이터에서 20분 만에 철수했다.

에 들르지 못해 아이의 불만이 하늘을 찔렀다. 체크아웃하기 전 아침 일찍 기차와 버스를 타고 놀이터에 도착했는데 문제가 있었다. 9월 중순이라 이미 날씨가 서늘해지기 시작한 알프스 마을 놀이터 기구에는 서리가 잔뜩 끼어 있었다. 그걸 알고 남편이 마른 수건을 하나 준비해서 갔지만 그것도 소용없었다. 할 수 없이 버스와 기차를 타고 다시 캠핑장으로 돌아왔다.

놀이터에 다녀오니 오전 9시. 떠나기 전에 아침식사를 해야 하는데 캠핑카 밖이 추워서 남편이 아무것도 하지 않으려

베르니나 로드의 하이라이트인 아치형 돌다리, 랜드바이저 비아덕트 다리

했으나 나의 짜증 한 스푼으로 달걀 프라이, 소시지, 라떼를 획득했다. 감사한 일이었다.

장크트갈렌으로 이동하기 전에 남편이 알불라 패스^{Albula Pass}를 가야 한다고 해서 구글 내비의 목적지를 알불라 패스로 찍었다. 하지만 우리는 목적지를 영원히 찾을 수 없었는데, 나중에 알고 보니 알불라 패스는 그라우뷘덴 주 베르귄과 라푼샤무흐 사이의 험한 고갯길을 지칭했다. 이미 우리가 왕복으로 지나온 길이었다. 남편이 말했던 건 빙하 특급과 베르니나 특급의 하이라이트 구간으로 꼽히는 아치형 돌다리인 랜드바이저 비아덕트 다리가 아닐까 싶다. 랜드바이저 비아덕트 다리는 이미 베르니나 익스프레스에 탔을 때 여러 번 통과했고, 다만 그 위로 빨간 기차가 지나가는 장면을 사진에 담지 못했을 뿐이다. 알불라 패스를 보지 못했다고 생각했는데, 사전에 조사하지 않은 탓에 생긴 에피소드였다.

최고의 캠핑장, 캠핑 시혼

장크트갈렌 근처의 캠핑장을 구글 지도에서 살펴보고 정한 곳은 캠핑 시혼Camping Seehorn이었다. 보덴호 앞에 있고, 다녀온 사람들이 남긴 구글 지도의 후기도 좋았다. 생모리츠는 알프스 봉우리에 둘러싸여 춥고 으슬으슬했는데, 알프스를 지나 위쪽으로 올라오자 날씨가 따뜻했다. 아침에 덜덜 떨며 남편이 타준 라떼를 마신 일이 까마득했다.

캠핑 시혼의 시설은 호텔 못지않게 좋았다. 주방에는 인덕션을 포함해 각종 식기류와 사용할 수 있는 냄비 종류도 다양했고, 음식을 먹을 수 있는 식당도 따로 있었다. 유럽 캠핑장의 샤워 시설은 사용자가 불편하지 않게 공간 분리도 잘 되어 있고 깔끔한데, 캠핑 시혼은 거기에 더해서 가족 샤워 시설이 따로 있었고, 원하면 욕조 목욕도 가능했다. 휴게실에는 TV와 함께 각종 보드게임 패키지도 있었다. 무엇보다 건물의

지하에는 유아들이 놀 수 있는 작은 실내 놀이터와 가족이 즐길 수 있는 포켓볼, 손으로 하는 축구 보드게임도 있었다. 모든 것이 잘 구비된 이 캠핑장의 치명적인 단점은 관광지를 다니기에 교통이 불편하다는 점이다.

적극적으로 찾으면 트레킹 코스나 현지인이 즐길 수 있는 액티비티도 많았을 텐데, 우리는 여행의 막바지이니 쉬는 쪽에 초점을 맞추었다. 도착해서 잠시 산책을 하고 있는데 어느 노부부가 우리를 호숫가로 안내해주었다. 보덴호가 도보 거리에 있어 여름에는 호수 수영을 즐길 수 있는 곳이다. 해가 어스름하게 질 무렵 두 남자가 그대로 달려가 호수에 풍덩 몸을 담갔다. 춥지 않냐고 물으니 방금 축구를 끝내서 전혀 춥지 않다고 했다. 운동 후 흐르는 땀을 보덴호가 씻겨주는 느낌일까. 그들의 자유로움과 구명조끼 없이도 물에 뜨는 기술이 부러운 순간이었다.

저녁은 부대찌개로 정했다. 캠핑카 여행에서 가장 자주 해먹은 음식이 부대찌개였다. 김치 통조림, 각종 햄과 양파, 라면을 넣고, 마지막으로 마법의 라면 스프를 넣어 끓이면 완벽한 부대찌개가 된다. 저녁이니 당연히 와인을 곁들여 먹으며

시혼 캠핑장의 보드게임을 비롯한 훌륭한 시설 / 보덴호에서 운동 후 호수 샤워를 하는 외국인들 /
우리 가족 여행 기록의 시간

정지아 작가의 《마시지 않을 수 없는 밤이니까요》를 읽었다.
스위스는 어디를 가나 마시지 않을 수 없는 장소이고 밤이다.

유럽 캠핑카 여행 21일차 영상 QR

세계에서 가장 아름다운 도서관이 있는 곳, 장크트갈렌

캠핑장에서 버스를 두 번 갈아타고 장크트갈렌 대성당을
방문했다. 아이가 배가 고프다고 해서 쿱투고COOP To Go(쿱의 편의
점 버전)에서 피자를 한 조각 샀다. 외식 물가를 포함해 모든
물가가 비싼 스위스에서는 마트에서 파는 피자, 빵 같은 음식

으로 끼니를 때우는 사람이 많은 것 같아 안타까웠다. 관광객인 우리야 테이크아웃 피자를 사서 광장 벤치에 앉아 한 입씩 나눠 먹는 것도 꿀맛이지만 말이다.

장크트갈렌 역에서 멀지 않은 곳에 장크트갈렌 수도원, 대성당, 도서관이 함께 있는데, 모두 유네스코 세계문화유산으로 지정된 곳이다. 스위스 트래블 패스로 무료 입장할 수 있다. 바로크 양식으로 지어졌다는 장크트갈렌 대성당 천장의 프레스코화는 미술을 잘 모르는 내가 봐도 상당히 멋있었다.

장크트갈렌의 하이라이트는 세계에서 가장 아름다운 도서관이자 '영혼을 치료하는 약국'이라고 불리는 도서관 Abbey Library of Saint Gall 이다. 혹자는 움베르토 에코의 《장미의 이름》의 배경이 된 곳이라고도 하고, 영화 〈해리포터〉에 영감을 준 장소라고도 하는데, 그건 아마도 자신이 방문한 장소에 의미를 더하고 싶기 때문이 아닐까 한다.

꼭 봐야 하는 곳이라고 들어서 그런지 말할 것도 없이 의미있는 곳이었다. 장서 17만 권가량이 보관되어 있다는 정보만으로도 압도당했다. 장서를 제대로 보관하기 위해 햇살이 최대한 들어오지 않게 차단시켰고, 전시되어 있는 책들은 중세 수도원에서나 볼 수 있는 책처럼 신비로웠다. 예전 가이드에는 사진을 찍을 수 없다고 되어 있어 안타까웠는데, 도서관에

장크트갈렌 대성당 / '영혼을 치료하는 약국'이라고 불리는 장크트갈렌 도서관

들어가니 구석에 있는 미라만 제외하고는 사진을 찍어도 된다는 안내문이 붙어 있었다.

아이는 생각보다 박물관에 큰 관심을 가졌다. 어릴 때부터 보석 같은 보물에 관심이 있던 아이는 역시나 박물관에 전시되어 있는 동전과 보석을 보며 흥미로워했다. 사전 정보에 대한 준비를 철저히 해왔거나 설명해줄 가이드라도 있었다면 더 뜻깊은 시간이 되었을 텐데 하는 아쉬운 마음이 들었다.

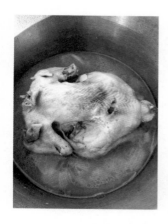
관광 후 캠핑장에서 직접 해 먹은 닭백숙

쿱 외의 또 다른 스위스 대형 마트인 미그로스MIGROS에서 장을 봤다. 아이가 닭백숙을 먹고 싶다고 졸랐는데, 마침 인덕션이 있는 주방 시설 훌륭한 캠핑장에 머물고 있어 백숙 요리를 시도해보기로 했다. 마트에서 닭을 발견하고 신나는 아이를 보니 얼른 끓여주고 싶었다. 백숙 국물에 한국에서 가져온 라면 스프와 함께 끓일 일본식 라멘도 샀다.

캠핑장에 돌아와 바로 닭백숙을 끓였다. 유럽에서는 깐 마늘을 팔지 않기 때문에 오랜만에 생마늘을 직접 까서 닭과 함께 넣고 1시간 넘게 푹 익혔다. 캠핑장에서 먹었기 때문일까, 오랜만에 먹어서일까. 평소에는 해 먹을 것 같지 않은 음식도 환상적인 요리로 둔갑했다. 닭백숙을 건져 먹은 뒤 라면 스프와 일본 라멘을 넣어 먹었더니 닭 육수와 어우러져 엄청 맛있었다. 구입한 4개의 라멘을 모두 넣고 싹싹 긁어먹었다. 와인을 마시지 않으려 했는데 또 마시지 않을 수 없는 날이었다.

유럽 캠핑카 여행 22일차 영상 QR

유럽 최대의 라인 폭포와 FIFA 뮤지엄

캠핑 시혼에서 갈 수 있는 가장 가까운 여행지로 유명 관광지이자 유럽에서 가장 큰 폭포인 라인 폭포를 가기로 했다. 라인 폭포는 한국에서 스위스 여행을 알아볼 때부터 인스타그램 추천 피드로 나왔던 장소다. 가까운 곳에서 에메랄드 색의 폭포 물줄기가 거칠게 내리는 장면을 보고 싶었다.

캠핑장에서 가장 가까운 암리스빌Amriswil 역에서 기차를 타고 2시간을 이동했다. 스위스 트래블 패스를 끊고 처음으로 타본 2층 기차였다. 라인 폭포까지는 이정표가 잘 되어 있어

안개 낀 라인 폭포 / 축구를 좋아하는 아이를 위해 들른 취리히의 피파 뮤지엄

그대로 따라가면 되었는데, 문제는 날씨였다. 안개가 자욱해서 이번에도 햇살이 중요한 역할을 하는 자연경관을 볼 기회를 놓쳤다. 오전이라 안개가 심한가 싶어 12시까지 기다렸지만 여전히 안개가 걷히지 않았다.

맑은 날이었다면 배를 타고 라인 폭포 가까이에 가볼 생각이었는데 아쉬웠다. 그래도 이날 아이가 내 손을 잡고 연신 조잘조잘거려 너무 귀엽고 사랑스러웠다. 날씨는 상관없었다. 라인 폭포에서는 제주에서 있는 이웃 여섯 가족을 위해 관광 자석을 사는 것으로 만족했다.

축구를 좋아하는 아이를 위해 취리히 역 근처에 있는 피파 세계축구박물관^{FIFA Museum}으로 향했다. 스위스 트래블 패스 소지자에게는 무료 입장권이 제공된다. 소지품을 보관하는 캐비닛마다 축구 선수 이름이 붙어 있어 들어가기도 전에 아이의 관심과 흥미를 유발하기에 충분했다. 열렬한 축구 팬이 아닌 이상 축구 전시는 볼 게 없었지만, 축구와 관련된 몸으로 하는 게임장이 있어 가족 단위 관광객이 취리히 공항에 가기 전 잠깐 들르기 좋은 곳이다. 입장권의 바코드를 찍으면 한 사람씩 돌아가며 다양한 게임을 즐길 수 있다.

유럽 캠핑카 여행 23일차 영상 QR

가장 비싼 캠핑장에서의 하루

독일 콘스탄츠

(D+24)
5성급 캠핑장에서 마지막 물놀이, 독일 콘스탄츠 관광하기 (9.28)

캠핑계의 5성급, 캠핑 피셔하우스

지금까지 캠핑장에서 더 머물고 싶을 때 현장에서 말하면 언제든지 연장 신청이 가능했다. 하지만 캠핑 시혼에서는 사이트가 모두 예약되어 있는 줄 모르고 나중에 이야기했다가 캠핑장 영업에 지장을 주었다. 전날 아침 일찍 서둘러 나가고 오후 늦게야 캠핑장으로 돌아와 카운터에 가서 하루 연장하겠다고 하니, 사이트가 비어 있는 줄 알고 다른 손님에게 예약을 받아 곤란한 상황이었다고 했다. 캠핑장마다 영업 방식과 룰이 다르기 때문에 연장해야 하는 상황이라면 미리 이야기해두는 게 좋다.

스위스와 독일의 국경 가까이에 있어 독일 콘스탄츠의 랜드마크인 임페리어와 말리브 공원을 추천받았다. 캠핑 시혼에서 체크아웃을 하고 다음 목적지로 정한 곳은 캠핑 피셔하우스Camping Fischerhaus였다. 캠핑카로 30분밖에 걸리지 않아 당황했다. 체크인 시간보다 일찍 도착해본 적은 처음이었다. 얼리 체크인 비용으로 20프랑을 더 내야 했다. 1박에 88프랑으로, 지금까지 다녀본 캠핑장 중 가장 비싼 곳이었다. 그야말로 5성급 캠핑장이었다. 캠핑장 할인을 받을 수 있는 ACSI 마크가 있어 물어보니 본인들과 상관없는 곳이라 할인이 불가하다고 했다. ACSI 카드는 유럽 캠핑장 연합회에 가입된 캠핑장에서 할인받을 수 있는 회원 카드라고 해서 한국에서 가입하고 스위스에 사는 사촌동생 주소로 보낸 후 받았는데, 스위스에서는 한 번도 사용할 수 없어 아쉬웠다.

캠핑 피셔하우스는 바로 전에 머물렀던 곳보다 시설 면에서는 좀 떨어졌지만, 옆에 있는 공영 수영장을 무료로 사용할 수 있는 티켓을 제공한다. 9월 말이라서 수영을 할 수 있을지는 그날의 날씨에 달려 있었는데, 우리가 도착한 날은 햇살이 뜨거워 수영이 가능할 듯했다. 독일 콘스탄츠 관광을 한 후 결정하기로 했다.

콘스탄츠 쪽으로 가기 위해 버스에 올랐는데, 갑자기 버스 기사 아저씨가 우리에게 소리를 질렀다. 어리둥절해서 쳐다보고 있으니 계속해서 소리를 질러서 얼떨결에 자리에 앉았다. 여행에서 항상 좋은 사람만 만날 수는 없는 일이니 크게 의미를 두지 않기로 했다.

붙어 있지만, 국경을 사이에 둔 독일과 스위스의 분위기는 상당히 달랐다. 스위스가 깔끔하게 정리된 느낌이라면, 독일은 조금 더 복잡했다. 콘스탄츠의 랜드마크인 **임페리어 상**은 황제와 교황을 모두 유혹하여 삼각관계의 애정행각을 벌인 창녀의 동상으로, 부정부패에 찌들어 있던 콘스탄츠 공의회를 풍자하여 만들었다고 한다. 양손에 황제와 교황이 들려 있는 9m의 동상이 360도로 천천히 회전한다. 이 동상을 두고 처음엔 종교계와 시민들의 반발이 있었다고 한다. 지금은 콘스탄츠의 유명 랜드마크로 자리매김하고 있다.

콘스탄츠의 랜드마크로 360도 회전하는 임 페리어 동상

스위스에서는 레스토랑에서 외식해본 적이 없었는데, 국경을 마주하고 있는 독일 관광지이자 관광객이 가장 많은 레스토랑에서 오랜만에 온 가족이 외식을 즐겼다. 슈니첼, 돼지고기, 홍합탕, 주스 2잔, 와인 1잔, 이 모두를 79유로 정도에 푸짐하게 먹을 수 있었다.

돌아갈 때는 버스를 타지 않고 30분가량 걸었다. 가는 중에 놀이터에서 집라인도 즐기고, 아이스크림도 사 먹고, 공원에서 염소에게 먹이 주는 체험도 하며(염소의 먹이는 양심껏 돈을 통에 넣고 가져가면 된다) 여유롭고 즐거운 시간을 만끽했다.

워터파크 같은 캠핑장의 수영장 / 휴게실 책장에 꽂아두고 온 《독서의 기록》 외 두 권의 한국 책

캠핑장에 돌아오니 오후 4시, 곧바로 수영복으로 갈아입고 공영 수영장으로 향했다. 9월 말이라 수영을 즐기는 사람이 많지 않았다. 이번이 마지막 수영이겠지 하며 추위를 무릅쓰고 아이와 함께 물에 들어갔다. 물놀이를 즐길 수 있는 큰 슬라이드가 두 개 있었는데, 아이가 무서워해서 같이 올라갔다가 내가 슬라이드를 타며 더 신나 했다. 슬라이드 놀이에 빠진 엄마의 모습이 재밌었는지 아이도 연신 깔깔대며 웃었다. 마침 수영장 한가운데 오리들이 떠 있어 아이는 오리와 함께

장난하듯 수영을 즐겼다. 수영장 옆에 집라인도 있어 아이는 물리도록 실컷 타며 즐거워했다.

여행의 막바지, 스위스에서의 마지막 날을 후회 없이 보냈다. 한국에서 가져간 세 권의 책《독서의 기록》,《도둑맞은 집중력》,《여름은 오래 그곳에 남아》는 캠핑장 휴게실의 책장 맨 위에 꽂아두었다. 구글 지도에 한국인의 후기가 없는 곳이지만, 언젠간 우연히 내가 남기고 간 흔적을 누군가가 보석처럼 발견했으면 하는 바람을 담아.

유럽 캠핑카 여행 24일차 영상 QR

캠핑카 여행의 최대 공로자

독일 반발트제

(D+25) 독일 반발트제 캠핑장에서 추석날 밤 보름달 보며
퐁듀 만들어 먹기 (9.29)

노이슈반슈타인 성에서 가장 가까운 캠핑 반발트제

다음 여행지는 15년 전 공사 중이어서 가지 못했던 '백조의 성'이라 불리는 노이슈반슈타인 성이었다. 독일 프랑크푸르트에서 렌트카를 반납해야 하니 오스트리아는 진작에 여행지에서 제외했다. 그런데 마지막으로 머물렀던 스위스 크로이츠링겐의 캠핑 피셔하우스에서 독일 슈반가우로 가기 위해서는 오스트리아 국경을 통과해야 했다. 문제는 오스트리아 고속도로를 지나가려면 고속도로 통행 카드인 비넷이 있어야 하는데, 잠시 통과하기 위해 최소 10일짜리의 비넷을 사야 한다는 것이었다.

고민 끝에 오스트리아 국경을 넘어가기 전 주유소에서 10일짜리 비넷을 10프랑에 사서 차 앞 유리에 붙였다. 혹시 모르는 벌금을 피하기 위해서였다. 고속도로로만 달려야 하는데, 작은 차 두 대가 간신히 지나갈 수 있는 좁은 도로가 나타나는 바람에 진땀을 뺐다. 입구에 '트럭 금지'라고 되어 있는 걸 보면 큰 차는 들어갈 수 없는 곳이었다. 낯선 곳에서는 교통 표지판을 자세히 봐야 한다.

여행의 끝자락에 캠핑카를 세워놓고 대중교통으로 관광지를 이동해야 하는 부담이 가중되었다. 노이슈반슈타인 성에

캠핑 반발트제에서 캠핑장 안으로 들어가기 위해 대기하고 있는 캠핑카들 / 발을 굴려서 타야 하는 자동차

서 가장 가까운 캠핑 반발트제[Camping Bannwaldsee](1박에 57.25유로)에 도착했다. 이곳에서 2박을 하고 싶었지만, 주말에 열릴 세계적 맥주 축제인 옥토버 페스트로 다음 날부터 캠핑사이트에 자리가 없었다. 캠핑 융프라우에 이어 가장 큰 캠핑장이었는데 자리가 없다는 걸 보니 옥토버 페스트가 큰 축제이긴 한 것 같다.

캠핑장은 세로로 길게 뻗어 있어서 리셉션에서 배정받은 사이트까지 5분 이상을 걸어가야 했다. 큰 규모의 캠핑장은

반발트제 호수. 깨끗하지 않고 악취가 풍겨 조금은 힘들었다.

지금까지 다녀본 작고 아담한 캠핑장에 비해 딱히 장점이 없는 듯해서 다음부터는 소규모 캠핑장을 찾아야겠다고 생각했다.

반발트제 호수는 매우 크고 잔잔했는데, 수질이 깨끗하지 않아 약간의 악취를 참아야 했다. 간간이 낚시하는 사람도 보였다. 물고기를 잡아 바로 회를 떠서 먹는 모습을 보니 초고추장이라도 가져다주고 싶은 마음이었다.

여행의 막바지라 아쉬운 마음이어서일까. 평소 같지 않게 기분이 축 처져 있는데, 남편도 그런 듯했다. 저녁에 삼겹살을 먹자고 했더니 처음으로 싫다고 했고, 마트에 들르자고 했는데도 그냥 지나쳐버렸다. 할 수 없이 남아 있는 재료로 저녁을 뚝딱 만들었다. 아이와 함께 만든 퐁듀는 생각보다 꽤나 맛있었다. 우리 부부의 처져 있는 기분을 느꼈는지 아이가 하하호호 웃으며 나를 웃게 했다. 생각해보면 이번 캠핑카 여행을 활기차게 만든 공로자는 아이였다.

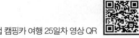

유럽 캠핑카 여행 25일차 영상 QR

여행의 끝자락에서 마주한 비극

독일 뷔르츠부르크

프랑크푸르트

⑩

뷔르츠부르크

① 211Km

② 350Km

켈

프랑스

231Km

② 콘스탄츠

아본

⑧ 156Km

푸센

스위스

장크트길렌

192Km

오스트리아

⑦ 301Km

베른

③ 174Km

인터라켄

114Km

⑥

그린델발트 피르스트

라우터브루넨

생모리츠

제네바

143Km

④

⑤

81.7Km

마터호른

티라노

샤모니몽블랑

이탈리아

독일

(D+26~D+27) 독일 노이슈반슈타인 성,
그리고 마지막 캠핑장에서 휴식하고 짐 싸기(9.30~10.1)

디즈니의 모티브가 된 노이슈반슈타인 성

백조의 성, 노이슈반슈타인 성을 만나다

반발트제 캠핑장에서 오전 일찍 체크아웃하고 10분 떨어진 거리에 있는 노이슈반슈타인 성으로 갔다. 처음으로 캠핑카를 갖고 관광지에 가는 거라 주차가 걱정되었다. 다행히 슈반가우 주차장에 캠핑카 전용 자리가 있었다(현금 13유로).

노이슈반슈타인 성, 호엔슈반가우 성 그리고 바이메르 왕국 박물관이 한 곳에 있었다. 노이슈반슈타인 성까지는 마차로 이동했는데, 경사가 심한 오르막길이라 잘한 결정이었다.

호엔슈반가우보다는 노이슈반슈타인까지 마차로 이동하길 추천한다. 성 안 가이드 투어도 가능한데, 백조의 성은 밖에서만 바라보는 것으로 만족하기로 했다. 아이는 백조의 성이라고 해서 백조에게 먹이 줄 생각으로 마음이 부풀어 있었는데 성 앞 호수에 백조가 많지 않아 실망한 눈치였다.

호엔슈반가우 성. 노이슈반슈타인 성과 골짜기를 사이에 두고 마주보고 있다.

인파에 휩쓸려 간 곳은 마리엔 다리였다. 엄청 많은 관광객이 몰리는 덴 다 이유가 있는 법. 노이슈반슈타인 성을 한 샷에 찍을 수 있는 포토 스팟이었다. 다리 위를 촘촘히 채운 사람들에 떠밀려 마리엔 다리 중간에 서서 디즈니의 모티브가 된 노이슈반슈타인 성을 멋지게 사진으로 담았다. 아름다운 만큼 이곳은 상당히 위험한 곳이기도 하다. 절벽에서 사진을 찍으려고 시도했다가 떨어져 죽은 사람도 많다고 하니 모험은 하지 말아야 한다.

노이슈반슈타인 성은 음악가 바그너의 오페라에 빠진 독

일의 루트비히 2세가 대규모의 건축비를 들여 지은 성으로 알려져 있다. 그는 이 성으로 재정 낭비를 했다며 당시 상당한 비판을 받았다고 한다. 살아생전에 다섯 개의 궁전을 짓는 게 목표였던 루트비히 2세는 노이슈반슈타인 성이 완성되기 전 정신병 판정을 받고 강제로 퇴위, 3일 후 호수에서 익사체로 발견되었다. 그는 자신이 죽으면 성도 함께 철거하라고 했지만, 그의 사망 이후 관광지로 개방되어 지금은 전 세계인이 찾는 유명 관광지로 추앙받는 곳이 되었다.

캠핑 마인-슈페사르트 파크

프랑크푸르트 캠핑카 반납까지 이틀이 남았다. 대도시로 가면 캠핑카 운전이 어려울 듯해서 오전 10시에 반납할 수 있도록 가장 가까운 지역의 캠핑장을 검색했다. 뷔르츠부르크에서 가깝고 마인 강이 흐르는 곳인 캠핑 마인-슈페사르트 파크 Camping Main-Spessart Park를 찾았다. 구글에서 한국 사람의 후기는 전혀 없었지만, 후기가 전반적으로 좋은 곳이라 선택했다. 남편은 슈반가우에서 4시간 동안 쉬지도 않고 운전했다.

여행 막바지에 이르렀다는 게 믿기지 않았다. 여행의 시작보다 여행의 끝에 남편과 나는 더 예민해졌다. 여행하면서 겪었던 불만이 밖으로 터지지 않고 속으로 쌓여 있었던 듯하다.

그래도 여행의 원칙을 세운 대로 싸운 뒤에는 바로 화해해서 큰 위기 상황을 맞닥뜨리진 않아 다행이었다.

마지막 캠핑장에서 2박을 하며 **관광은 하지 않고** 온전히 **캠핑만** 즐기기로 했다. 캠핑장 카운터에는 상당히 친절한 독일 할머니가 계셨는데, 한국 사람을 처음 보는지 우리를 보고 놀라워하셨다. 캠핑 마인-슈페사르트 파크는 다른 캠핑장 못지않게 깔끔하고 시설도 좋았다. 사이트 비용 또한 2박에 54유로로 상당히 저렴했다. 이곳에서 캠핑 ACSI 카드를 처음이자 마지막으로 사용했다.

첫날 일찍 자고, 둘째 날은 느지막하게 일어나서 남편이 내려준 라떼, 아이가 먹고 싶어 한 쇠고기 스프, 캠핑장에서 갓 구운 빵으로 아침을 먹은 후 캠핑장 앞 마임 강가를 산책했다. 사람이 거의 없고 강물은 그다지 깨끗하지 않았지만, 아이는 모여 있는 오리를 쫓아보기도 하고, 더워서 웃통을 벗고 열심히 달리기도 했다. 느슨한 시간이었다.

캠핑장에 돌아와 내일 반납할 캠핑카에 있는 짐을 정리하고 있는데 아이가 갑자기 열심히 돕기 시작했다. 커피 원두 갈기, 엄마 라떼 타주기, 신발 나란히 정리하기, 빵 잘라서 접시 위에 놓기, 설거지, 수건 털기 등등. 바라는 게 있어서 열심히 돕나 싶었는데, 이날 아이가 적은 여행의 기록을 보니, 백지장도 맞들면 낫다는 말이 이런 의미냐며 크게 깨달았다고 했다. 점심을 먹은 뒤 짐을 바닥에 전부 깔고는 남편과 함께 캐리어 세 개에 정리했다. 남은 식자재들은 아까웠지만 버릴 수밖에 없었다. 짧았던 하루가 이렇게 또 긴 하루가 되었다.

저녁에는 캠핑장 안에 있는 이탈리안 레스토랑에 갔다. 이 동네 맛집인 듯 손님들이 많았다. 저녁 식사를 하며 제일 좋았던 캠핑장과 제일 좋았던 기억을 떠올리며 얘기를 나눴다. 제일 좋았던 캠핑장은 손 축구를 할 수 있었던 캠핑 시혼, 멋진 슬라이드가 있었던 캠핑 피셔하우스였다. 제일 좋았던 기억은 마터호른 맞은편 고르너그라트에서 트레킹하면서 내려왔던 일과 조난할 뻔했던 피츠 나이어였다. 고생을 많이 했던 기억이 가장 소중하다는 것에 우리 가족 모두가 동의했다.

캠핑을 시작할 때 느꼈던 나의 불안은 이제 아무것도 아닌 듯 쪼그라들었다(불안은 마지막 날 현실이 되었다). 무엇보다 여행하면서 찍은 사진들, 매일 밤 노트에 사진을 붙이고 썼던 여행 기록의 소스는 여행 후 '기록의 여행'으로 재탄생할 생각에 설레기까지 했다. 꾸준히 정리해놓은 기록들 덕분에 들춰보는 것만으로도 다시 여행을 떠나는 것 같은 설렘을 느꼈다.

마지막 캠핑장에서 여유로운 2박 3일을 보내며 짐을 정리하고 기록하는 모습

유럽 캠핑카 여행 26일차 영상 QR

수고 많이 했다, 남편 그리고 아들!

캠핑카 돌려주기, 비극의 발생

캠핑카 반납 시간은 오전 10시였다. 새벽 일찍 서둘러 여행의 시작점이었던 프리트베르크에 도착했다. 캠핑장에서 출발하기 전 여행 기간 발생한 캠핑카의 스크래치 등을 확인했다. 비 오는 날 캠핑 홀드리오 경사길에서 후진하다가 나무에 부딪혀 깨진 후미등, 캠핑카 안에서 가스레인지 요리 후 열기가 식기 전에 덮어버려 타버린 유리 커버 정도일 줄 알았는데, 차 뒤편을 살피던 우리는 깜짝 놀랐다. 캠핑카 뒤와 옆 철판에 찍힌 자국과 10cm 정도의 결점이 있었다. 어디서 긁힌 건지 남편도 나도 알지 못했다. 하지만 우리는 최고급 보험을 들어놨으니 괜찮을 거야!

캠핑카를 반납하면서 남편이 흠집이 있는 곳을 모두 말했다. 돌려받을 줄 알았던 보증금deposit은 한 푼도 돌려받지 못하고 오히려 돈을 더 내야 했다. 슬쩍 본 영수증에는 3,000유로 이상이 찍혀 있었다. 우리가 최고급 보험을 들지 않았냐고 항의했더니, 보험이 커버할 수 있는 금액을 제외하고 이 정도 나온 것이라 했다. 보험을 들지 않았으면 10,000유로 이상 내야 했을 거라며 다행이라는 말까지 덧붙였다.

동남아 가족 여행 한 번이 눈앞에서 사라지는 순간이었다. 즐겁게 마무리할 수 있는 여행이 우울해졌다. 마지막 날 하루 내내 기분이 좋지 않았다. 하지만 우울해한다고 해서 생긴 흠집이 사라지는 것도 아니고, 우리 잘못이 아니라고 입증할 수도 없으니 그냥 받아들이기로 했다. 최악의 상황은 돈을 더 쓰는 것 정도라 생각해서 그랬는지, 여행 준비 기간에 느꼈던 막연한 불안감은 마지막 날에 돈으로 액땜한 셈이었다. 생각을 바꿔서, 커다란 캠핑카를 처음 운전하면서 경사지고 위험한 알프스 산길을 안전하게 운전했기에 살아 돌아왔음을 더 감사해했다.

여행의 끝, 본격적인 기록의 시작

캠핑카 반납 후 프랑크푸르트 공항 근처 호텔에 머물며 나는 책 읽고 글 쓰는 모드로 전환했다. 뮌헨에 가서 김민재 티셔츠를 사는 대신 남편과 아이는 프랑크푸르트 축구 경기장으로 관광을 갔다. 그곳에서 유명한 수석코치를 만나 사진도 찍고 무료로 경기장 투어까지 했다고 하니 예상 외의 또 다른 추억이 만들어졌다.

나는 글을 쓸 수 있는 환경에서 안정을 느끼는 사람이라는 걸 알게 된 소중한 시간이었다. 여행의 마무리, 꿈 같은 한 달을 여행의 기록으로 어떻게 정리할지에 대한 생각을 시작했다. 여행은 마무리였지만 여행의 기록은 시작이다. 여행 중 만든 기록의 소스가 어떻게 완성될지 기대되는 여행의 끝이었다. 기록의 여행이 시작되었다.

Chapter 3

기억을 기록으로
바꿔주는
여행 소스들

여행 후, 기록의 시작
: '기록 여행'은 지금부터

여행의 기록을 남기기 위해 사전에 철저히 조사하고, 여행을 떠나기 전에 글의 절반 이상이 나오는 경우는 전문적인 여행 작가나 여행 에세이 작가 정도에게나 해당되는 일일 것이다. 계획을 철저히 하는 여행자는 여행의 준비를 자신만의 방법으로 꼼꼼히 정리하고, 본인이 짜놓은 일정대로 여행하며, 여행 중, 혹은 여행을 다녀와서 밀린 여행기를 정리한다. 여행 지만 정하고 여행을 떠나는 사람은 여행하면서 즉흥적으로 사진을 찍고, 기억을 남기기 위해 SNS에 여행 중, 혹은 여행을 다녀와 여행 수기를 적는다. 물론 집에 돌아와서 여행의 짐을 푸는 순간 여행이 끝나는 사람도 있다.

어떤 사람은 기억 속에서 휘발되어버리는 자신의 역사를 기록하고 싶어 SNS를 하기도 한다. 하지만 단순히 기록하는 것이 최종 목표는 아닐 것이다. 여행이든 일상이든, 나만의 기록을 남기고 싶은 이유는 기록을 통해 삶의 의미를 찾는 여정과 가치를 발견함으로써 스스로가 괜찮은 사람으로 성장하고 있는지를 확인하고 싶기 때문이 아닐까.

'여행의 기록'이라고 하면 여행하기 전에 준비하는 것을 기록하거나 여행을 하면서 기록하는 것을 생각한다. 사실은 여행하면서 기록을 통해 체계적인 결과를 만들어낼 수 있는 시간은 없다. 여행을 다녀와서 느낀 점을 자기화하는 게 더 중요하다. '여행의 기록'은 단순히 즐기는 것에서 멈추는 여행이 아니라 여행으로 얻어진 경험과 인사이트를 내면화하는 내면의 성장을 위한 것이 아닐까 싶다. 여행은 견문을 넓히기 위해 하기도 하지만, 나 스스로가 새롭게 변화하고 싶을 때 선택하는 여정 중 하나이다. 즉, 여행의 의미를 나의 성장이라는 개념으로 본다면, 여행 이후 시작되는 기록의 여행은 반드시 이루어져야 하는 작업인 것이다.

여행 중 기록을 남기는 저마다의 다양한 방식들이 있다. 하지만 이러한 기록은 여행을 다녀와 이를 융합해 본인의 것으로 만들기 전까진 그저 단순한 소스에 불과하다. 카메라나 휴대폰에 넘치게 찍은 사진과 영상이 저장돼 있지만, 이후에 이를 어떻게 정리하고 활용해야 할지 방법을 모르는 사람이 대부분이다.

여행 중에 만들어진 소스를 여행 후 간단한 툴을 활용하여 기록으로 완성하는 방법은 누구나 따라할 수 있도록 쉬워야 한다. 또한 기록하는 과정에서 다시 한번 머릿속으로 여행을 시뮬레이션한다면 여행을 다시 다녀오는 느낌도 얻을 수 있을뿐더러, 여행 때는 느끼지 못했던 깨달음도 얻을 수 있다.

여행 이후 시작되는 '기록의 여행'은 함께 다녀온 사람들에게도 의무를 부여한다. 의무는 숙제같이 부담스러운 작업이 아니라 여행할 땐 몰랐던 서로의 마음을 들여다보는 편안한 작업이 되어야 한다. 이를 위해 사전에 해야 할 것이 있다. 여행 가기 전 간단하게라도 본인만의 방식으로 여행의 테마를 잡아볼 것, 여행 중에는 소스를 만들기 위한 기록을 습관화할 것이 그것이다.

예를 들면, 우리 가족이 유럽 캠핑카 여행을 가기 전 기획한 여행의 테마는 '기록하는 여행'이었다. 여행 중에는 사진 일기, 영수증 기록, 사진과 동영상으로 여행 기록의 소스를 만드는 일을 습관화하고 훈련했다. 마지막으로 여행을 다녀온 후 가족 구성원의 마음속에 이번 여행의 기억을 의미 있게 남기기 위한 작업으로 여행을 리뷰하고 이를 재구성해서 기록하는 일을 했다. 여행을 재구성하는 작업을 하면서 가족 구성원 모두 다시 한번 여행을 다녀온 느낌이 들었다. 여행을 온전히 나의 것으로 만드는 작업을 한 것이다.

> 즉, 의미 있는 여행의 기록을 위해서는
> 첫째, 여행 전 계획을 기록하는 일,
> 둘째, 여행 중 기록의 소스를 만드는 일,
> 셋째, 여행 후 기록의 소스를 재구성하는 작업을 해야 한다.
> 여행의 기록을 통해 일상 또한 의미 있게 만드는 것이 목적이다.

소설 《히말라야 환상 방황》의 정유정 작가는 《내 심장을 쏴라》(세계문학상 수상작) 이후 《28》이라는 소설을 쓰면서 두 번의 초고를 쓰고 완성작을 써가며 지칠 대로 지쳤다. 여행이 위로가 될 거라는 친구의 말을 듣고 여행을 떠나기로 했다. 길치에다 집에서 조용히 지내는 걸 좋아하는 작가는 해외여행도 가본 적이 없는데 느닷없이 '히말라야 등반'을 결심한다.

내가 관심 있게 본 부분은 정유정 작가의 히말라야 여행 스토리가 아니다. 왜, 그리고 어떻게 여행의 기록을 시작했냐는 부분이었다. 작가는 원래 여행기를 쓸 계획이 없었다고 한다. 육체적으로 힘든 여행을 마치고 리조트에서 쉬는 순간까지도 말도 안 되게 힘들었다고 했다. 무엇인가 하지 않고 휴식하는 일이 작가의 성향과 삶에는 맞지 않았다. 작가는 수첩을 꺼내 첫날부터의 기억을 되살려 기록을 시작했다. 여행 전과 여행 후, 겉으로는 변화가 없지만, 기록을 해나가며 자신을 지치게 한 건 삶이 아니라는 것을 깨닫게 된다. 나는 여기서 작가가 자신의 본성을 여행의 기록으로 찾게 되었다고 생각했다.

여행의 테마 정하기
: 기록을 위한 첫 번째 준비

여행을 준비할 때 우리는 설렌다. 여행 계획을 하며 꼭 봐야 할 랜드마크, 여행지에서 꼭 먹어야 할 음식, 체험하고 싶은 리스트를 만든다. 구글 지도에 별표를 찍어 정리하거나, 엑셀로 만들거나, 파일 형식으로 저장하기도 하고, 블로그 같은 SNS에 가야 할 곳을 사전에 정리해놓기도 한다. 패키지 여행을 간다면 스스로 여행지를 선택, 동선을 짜면서 교통편이나 비용을 정리하지 않아도 되지만, 자유여행을 가는 여행자에게 여행 준비의 기록은 필수다.

여행의 기록을 위한 첫 번째 준비는 바로 '여행의 테마 정하기'이다. 여행의 테마를 어떻게 정하느냐에 따라 준비하는 기록의 소스는 달라진다. 관광지의 역사를 들여다보고 싶다면 사전에 여행지와 관련된 역사적인 자료를 모으고, 가고 싶은 순서대로 자료 정리를 해야 한다. 우리 가족처럼 캠핑카 여행을 간다면, 가고자 하는 곳의 캠핑사이트를 찾아 구글 지도에 별표를 찍거나 엑셀로 정리할 수 있다. 아직 시작하지 않은 여행이지만, 여행을 다니는 것처럼 시뮬레이션하고 사전 여행의 기록을 시작한다. 우리가 접하는 여행에 대한 기록은 대부분 여행 준비에서부터 시작한다. 기록은 여행의 한 부분이기 때문에, 여행의 방법이나 테마가 정해지면 자연히 여행의 기록을 위한 준비가 된다.

《여행작가의 노트를 훔치다》를 보면, 여행작가는 사진도 잘 찍고 글도 잘 써야 하는 어엿한 직업인이므로 아무나 여행작가가 될 수는 없지만, 여행작가를 시작하고자 하는 사람이라면 여행 에세이보다는 가이드북을 먼저 쓰는 것이 유리하다고 적혀 있다. 전문가expert로서 여행작가가 여행의 기록을 준비한다면 가려고 하는 곳의 자료를 사전에 철저히 수집해야 한다. 그리고 여행 중에는 사진도 잘 찍고, 다른 가이드북에 나와 있지 않은 숨어 있는 정보를 찾아 가이드북에 자세하게 담을 수 있어야 한다.

하지만 여행을 떠나는 일반인은 여행작가보다는 초보자
beginner이기 때문에 여행 기록의 부담이 덜하다. 《DIY 유럽여
행》은 평범한 중학생들이 준비한 유럽 여행의 과정과 결과를
기록한 책이다. 학생들은 알찬 여행을 위해 각자 한 가지씩
테마를 정해서 기록하기로 한다. 그중 매일 블로그에 여행기
를 올리기로 했던 학생도 있고, 어떤 학생은 외국인을 대상으
로 '행복 인터뷰'를 하기 위해 설문지를 준비해서 가져가기도
했다. 사전에 준비해간 여행 기록의 재료들은 여행 중 하나씩
수집되었고, 여행을 다녀와서 결과물이 책으로 만들어지면서
학생들의 성장 기록이 완성되었다.

《당신의 꿈은 무엇입니까?》는 김수영 작가가 1년간 25개
국을 여행하며 365개의 꿈을 만난 이야기를 담은 책이다. 암
진단을 받고 자신의 꿈 73개를 써내려가며 삶이 180도 달라
졌다는 그녀는 꿈을 이루는 삶을 살기 위해 도전하고, 더 나
아가 전 세계 사람들을 만나 그들의 꿈을 기록한다. 여행 중
기록할 때는 자료에 불과했지만, 책으로 출간되면서 많은 사
람에게 꿈을 이룰 수 있다는 영감을 주었다.

내가 가장 좋아하는 여행책은 문요한 작가의 《여행하는 인간》이다(작가는 이 책을 여행 심리서라고 표현했다). 작가는 여행 경험을 '새로움, 휴식, 자유, 취향, 치유, 도전, 연결, 행복' 등 12개의 주제로 기록했다. 이 책처럼 여행 경험이 의미를 부여한 기록으로 변환되어 타인의 여행 테마에 영향을 줄 수도 있다. 예를 들어 책에서 나온 주제 중 하나인 '새로움'을 여행의 테마로 정했다면, 여행지에서는 새로운 경험을 하는 것에 집중하고, 이를 기록하면서 여행이 삶에 끼치는 긍정적인 영향을 깨닫게 된다. 이처럼 다른 여행책에서 테마를 찾아 여행하고 나만의 기록으로 만들어보는 준비를 하는 건 어떨까?

도구 준비하기
: 기록을 위해 챙겨야 할 것들

앞에서 살펴본 것처럼 여행 준비의 목적과 방법은 다양하다. 그리고 여행 준비 중 한 축이 되는 여행 기록의 준비는 테마와 방식에 따라 차이가 있을 수 있지만, 여행을 다녀온 후 기록을 남기기 위해서는 여행의 기록 소스들이 충분해야 한다.

여행의 의미와 목적을 찾았으면 여행을 다녀와서 기록한 소스를 잘 버무려야 한다. 즉, 여행의 기록 소스를 만들기 위해서는 여행 기록 준비물이 필요하다. 우리 가족이 캠핑카 여행을 가기 전 소스를 만들기 위해 준비한 도구는 스마트폰, 사진이나 영상을 저장할 수 있는 충분한 클라우드 용량, 미니 포토 프린터, 가위, 풀, 각자가 기록할 수 있는 노트, 그림 그리는 도구였다.

여행 기록을 위한 준비물

남편의 DSLR 카메라가 있기는 하지만 15년 정도 된 모델이라 상당히 무거웠다. 요즘에는 스마트폰도 화질이 좋기 때문에 이번에는 카메라에 욕심을 부리지 않기로 했다. 사진과 영상을 담을 도구는 스마트폰 하나면 충분하다.

풍경은 현장에서 눈으로 담는 게 가장 좋다. 사진을 많이 찍는 사람은 나중에 사진으로 다시 볼 거라 생각해 풍경을 대충 본다는 연구 결과를 들은 적이 있다. 이런 경고를 알고 있었기에 여행 중 순간의 풍경을 즐기는 일도 게을리하지 않았다.

어쨌든 사진을 많이 찍기 위해 스마트폰의 저장 용량을 충분히 확보했다. 혹시 모를 휴대폰 분실의 위험에 대비해 사진이 구글 포토 클라우드로 자동 저장되도록 설정했다. 또한 구글 드라이브에 필요 없이 용량을 차지하는 파일을 삭제하여 충분한 용량을 미리 확보해두었다.

예전에 사용하던 포토 프린터가 있었지만 연식이 오래되

어 새 프린터를 준비하기로 했다. 블루투스로 휴대폰과 연결하여 바로 사진 인화가 가능한 **미니 포토 프린터와 인화지**를 구매했다. 한 달 캠핑카 여행이라 짐이 많고 무거웠지만, 포토 프린터와 인화지는 기록이 중심이 되는 여행에서 꼭 필요한 준비물이었다. 아이에게도 노트에 기록만 하도록 할 게 아니라 그날 찍은 사진을 함께 보며 사진을 고르고, 인화하고, 여행 노트에 붙이는 작업을 함께 하면 더 의미 있을 것 같아 우선순위로 챙겼다.

각자가 기록할 수 있는 노트는 어떤 게 좋을지 고민했다. 사진을 붙여야 하니 종이 질이 좋고 한 달 분량의 글을 쓰기에 적당한 노트가 필요했다. 고민만 하다가 구입해야 할 시기를 놓칠 듯해서 모닝 페이지로 한 권을 다 채웠던 노트와 동일한 모델로 구입했다. 내 기준에서는 좋은 노트였지만 아이의 기준에서는 너무 두꺼운 노트라 부담스러워했다. 아이는 자기가 챙겨온 얇은 일기장을 다 쓰기 전까지 두꺼운 노트를 사용하지 않으려고 했다. 아이에게 자기가 쓸 노트를 직접 고르게 하는 것도 적극적인 기록을 유도하는 데 좋은 방법인 듯하다.

그림 그리는 도구는 두꺼운 도화지와 간이물감, 붓을 준비했는데, 캠핑카 여행을 하며 과연 그림을 그릴 수 있을지는 확신할 수 없었다.

인화한 사진을 자를 때 필요한 가위는 아이가 짐을 싸면서 포토 프린터에서 빼내어 자신의 배낭에 넣어둔 모양이다. 제주 공항 검색대에서 걸려 그 자리에서 버리고 왔는데, 어딘가로 잡혀갈까봐 당황하던 아이의 모습이 너무 귀여웠다. 가위나 칼 같은 도구는 부치는 짐에 넣어야 한다는 걸 깨달은 산 교육의 현장이었다(다행히 가위는 인천에 사는 남편의 지인이 선물로 챙겨주었다).

기록해야 한다는 비장함이 있었기에 거창한 준비까지는 아니더라도 기록의 소스를 만들 준비는 이렇게 완료했다.

사진으로 기록 소스 만들기

: 구글 포토 활용에서 테마 사진 찍기까지

여행 기록 소스의 중심이 되는 항목은 사진, 영상, 글, 그림이 있다. 이 네 가지 항목이 다양한 방법으로 확장될 수 있다.

여행지에서의 사진은 중요한 의미가 있다. 사진으로 담아낼 수 없는 풍경이 훨씬 많기는 하지만, 본인이 기억하고 싶은 여행의 순간과 장소를 카메라로 담아놓으면 여행 후 기록할 때 다시 한번 여행하는 효과를 느낄 수 있다.

스마트폰 카메라 사진의 품질이 좋아지면서 저장할 수 있는 휴대폰이나 컴퓨터의 용량을 더 많이 필요로 하게 되었다. 여행 전에는 사진을 저장할 수 있는 용량을 미리 확보해놓아야 한다. 여행에서 휴대폰 카메라를 메인으로 사용할 경우,

구글 포토에서 지역, 시간 정보 확인하는 법

휴대폰에 저장되어 있는 사진을 우선으로 정리한다.

세월이 흐를수록 저장된 사진의 개수는 많아지고, 매번 큰 저장 용량의 휴대폰으로 기기를 변경할 수도 없으니 구글 드라이브 혹은 네이버 M-BOX 같은 클라우드(가상 드라이브)에 가입해 사진과 동영상을 저장해둔다. 구글 드라이브는 15GB, 네이버 M-BOX는 30GB의 용량을 기본으로 제공하고, 그 이상의 용량을 원하면 월간, 연간의 비용으로 결제해서 사용할 수 있다.

구글 포토에 사진을 저장하면 사진 찍은 시간과 장소가 구글 지도와 연동이 되기 때문에 여행 기억을 소환하는 역할을 하기도 한다. 유럽 캠핑카 여행의 여정을 정리할 때 저장해놓은 구글 앨범의 지도와 시간을 보며 정확한 정보로 여행기를 작성할 수 있었다. 그뿐만 아니라 사진은 글과 결합하면 여행기가, 그림과 결합하면 응용된 나만의 예술작품이, 블로그나 브런치와 같은 플랫폼과 연결되면 다른 사람에게 도움을 주는 정보지나 여행 에세이가 된다.

유럽 캠핑카 여행 시 우리 가족이 가장 먼저 활용한 방법은 가져간 미니 포토 프린터기에서 사진을 8분할로 뽑아 아이의 하루담기 일기장에 붙이고 사진 일기를 쓰게 하는 것이었다. 아이는 하루도 거르지 않고 사진과 글을 기록했고, 여행 후에는 아이만의 여행책이 만들어졌을뿐만 아니라, 체험학습 보고서를 여행 후 따로 적지 않고도 학교에 제출할 수 있었다.

아이와 함께 매일 밤 캠핑카 안에서 같은 종류의 노트에 나만의 여행 기록도 작성했다. 같은 방식으로 그날 찍었던 사진 중 가장 마음에 드는 사진을 골라 붙이고 여행 정보의 기록, 여행하면서 느낀 점, 남편에 대한 원망과 고마움 등 다양한 감정을 기록하면서 여행의 기록 소스를 만들어나갔다.

여행기를 블로그에 매일 작성하고 싶었지만, 여행을 마치고 캠핑카에 돌아가서 저녁을 해 먹고 정리하면 이미 늦은 시

캠핑카 안에서 매일 여행의 기록으로 하루를 마무리하는 모습

간이어서 블로그에 여행기까지 작성할 수 있는 에너지가 남아 있지 않았다. 하지만 매일 찍은 사진을 스마트폰 블로그 앱을 열어 모두 저장해두고 날짜와 간단한 정보만 입력해두니, 언제 어디서든 저장해놓은 블로그 글을 열어 여행기를 작성할 수 있었다. 아직 블로그에 저장만 해두고 작성하지 않은 캠핑카 여행기가 있지만, 시간의 흐름에 따라 끝까지 작성할 예정이다.

여행이 더욱 특별해지는 테마 사진 찍기

사진으로 여행을 더욱 풍성하게 만드는 방법 중 하나는 여행 사진 찍기의 테마를 정하는 것이다. 예를 들면, 여행 명소 중 성당이나 교회의 사진, 성당에 있는 파이프 오르간, 꽃 사

치앙마이 한 달 살기에서 〈독서의 기록 다이어리〉에 성공의 기록을 매일 인증하는 테마 사진을 찍었다.

진, 특정 컬러, 집의 대문 등 다양한 테마를 선택할 수 있다. 《그림 샐러드》의 낭낭 작가는 제주도에 살면서 러스틱(녹슨) 대문 손잡이를 테마로 삼아, 녹슬어 있는 대문의 손잡이와 열쇠 구멍을 사진으로 찍었다. 지인들과 테마 사진을 공유하면서 다른 사람의 녹슨 사진과 이야기가 보태져 풍성한 대화가 가능했다.

이렇게 테마를 선택하면 이색적이고 차별적인 나만의 콘텐츠가 탄생할 수 있다. 누구나 카메라를 들이대는 명소의 풍경이나 장소 앞에서 찍는 인증 사진이 아니라, 나의 감성을 알아갈 수 있는 여정이 담긴 테마 사진 찍기는 여행의 기록을 더욱 풍성하게 만들어줄 것이다. 테마 사진은 또한 글쓰기에서도 풍성한 글의 소재가 될 수 있다.

　테마 사진을 기록한다는 중요한 팁을 여행을 마친 후에 알게 되어 안타까웠다. 하지만 이후에 다녀온 베트남 글쓰기 여행에서는 오전, 오후, 밤마다 베트남 카페에서 글을 쓰면서 마신 커피나 음료를 테마로 사진을 찍었다. 아이와 다녀온 치앙마이 한 달 살기에서도 〈독서의 기록 다이어리〉에 성공의 기록을 담는 장면을 매일 테마 사진으로 찍었다.

　여행을 마친 후 테마 사진으로 찍은 커피와 노트의 장면은 다시 한번 글을 쓰던 장소로 나를 데려다주었다. 여행을 가려고 하는 사람들에게 여행의 테마를 정하면 좋다는 이야기를 해주었더니, 아무 생각 없이 소비하는 여행을 하려고 했다가 여행에 의미를 부여하는 시간을 갖게 되었다고 했다.

여행을 떠날 예정인데 어떤 기록을 해야 할지 모르겠다면 '테마 사진 찍기'를 해볼 것을 추천한다. 한 가지 색깔을 지정해 비슷한 색의 사진을 찍는다거나, 표지판을 찍는다거나, 나무나 꽃이 테마가 되어도 좋다. 테마 사진이 모아지면 그 자체로 나만의 근사한 여행 기록이 되는 것이다.

영상으로 기록 소스 만들기
: 숏폼 촬영으로 재미와 현장감을 동시에

동영상은 사진보다 용량이 커서 구글 드라이브를 무한정 늘리기에는 부담스럽다. 30분이 넘는 영상의 경우 유튜브 스튜디오에 업로드하여 보관하고, 휴대폰이나 구글 드라이브에서는 삭제하여 가상 드라이브의 용량을 확보해놓았다. 본인만의 영화를 찍는다는 생각으로 기획한 후 편집해서 올리면 한 편의 영화가 된다.

유럽 캠핑카 여행 당시 우리 가족은 인스타그램 릴스에서 유행하는 동작 중 정면을 바라보고 한 줄로 서서 쓰러지는 영상을 여행지마다 촬영했다. 여행 가기 전 인스타그램에서 'I'll be missing you'라는 팝 음악에 맞춰 춤추는 짤이 유행했다. 구제할 수 없는 몸치였지만 여행지에서 특별한 추억을 만들고 싶었다. 멋진 풍경 앞에서 음악을 틀어놓고 가족 셋이 춤을 추면서 다른 관광객들에게 춤을 가르쳐주는 이미지도 그려보았다.

하지만 나만 몸치가 아니라 남편과 아이도 춤에는 가능성이 보이지 않았다. 다행히 가장 간단한 동작을 인스타그램에서 찾았고, 여행 첫날 남편과 아이에게 함께 하자고 제안했다.

장소가 바뀔 때마다 촬영한 영상을 편집하여 유럽 캠핑카여행 첫날이라고 인스타그램 릴스에 올렸더니 바로 2만 뷰가 나와서(처음 있는 일) 남편과 무척이나 놀랐다. 이후에는 남편이 더 신이 나서 장소가 바뀔 때마다 옆으로 손을 잡고 쓰러지는 영상을 찍자고 적극적으로 촬영을 준비했다.

여행 첫날의 동영상이 히트를 치자 영상을 계속 올려야겠다는 동기부여가 생겼고, 첫날 영상을 올린 이후 조회수가 잘 나오지 않아도 매일 영상의 기록을 할 수 있었다. 하루에 3~4개 정도의 영상을 찍어 붙이니 매일 한 편씩의 영화가 완성되었다.

인스타그램에 거의 매일 만들어서 올린 1분 릴스 영상

    유튜브 여행 채널을 운영하는 사람에게 영상 촬영은 다른 무엇보다 중요할 것이다. 여행 유튜브가 상당히 많고, 글보다는 영상을 선호하는 사람이 늘고 있지만, 나는 글이 기본이 되는 여행의 기록이 여전히 좋은 사람이기에 영상 촬영에는 크게 정성을 기울이지 않았다. 다만, 여행의 현장감을 살리기 위해 간단한 영상을 촬영해 VITA와 Capcut이라는 동영상 편집 프로그램으로 1분 이내의 영상을 제작하고 매일 인스타그램에 업로드했다. 만들어진 영상은 블로그 글을 작성할 때 영상을 함께 넣어 여행기에 생동감을 더했다.

인스타그램에 거의 매일 올린 릴스 영상도 이 책《여행의 기록》을 집필하며 QR 코드로 만들었다. 즉, 여행하면서 촬영한 영상이 여행의 생생함을 전달할 수 있는 기록의 소스가 된 것이다.

짧은 영상을 장소마다 찍고 영상 편집 어플을 사용하여 1분 이내의 영상을 이어 붙여보자. 완벽한 편집을 하려는 욕심만 버린다면 하루에 하나씩, 한 편의 영화를 쉽게 만들 수 있다.

글로 기록 소스 만들기

: 영수증 한 줄 메모에서 노트 기록까지

글을 쓰는 행위는 사진을 찍는 것보다 시간이 더 많이 소요된다. 전문적인 여행작가들은 여행 전 대부분의 글을 완성한다던데, 여행이 어디로 어떻게 진행될지 모르는 일반 여행자들이 글을 먼저 써놓기는 쉽지 않다. 여행 중에 쓰는 글 중에서 정보는 블로그에 사진과 함께 가격이나 위치 등을 간단하게 입력해 저장하고, 여행지에서 느끼는 감정은 메모장에 키워드나 문장으로 적어두어야 그때의 느낌을 기억할 수 있다.

기록은 순간에 해야 그때의 느낌을 잘 살릴 수 있는데, 여행에 집중하느라 '다음에'로 미루게 되면 가족이 어떤 말을 서로 나누었는지, 아이가 어떤 예쁜 말을 해서 나를 감동시켰는지 잊을 때가 있다. 그래서 여행 중 아이가 한 예쁘고 재미있는 말들을 내 카카오톡에 입력해놓기도 했다.

인스타그램에 영상을 올리며 카톡으로 보내놓은 아이와의 대화를 얼마 전에 확인했는데, 언제 이런 대화를 나누었나 싶었다.

실스마리아의 아름다운 숲길을 걷고 있을 때 아이가 말했다.

"엄마, 저기 보라색 버섯이 있어."

"우와~ 이쁘다. 그런데 이쁘면 위험해. 조심해야 해. 사람도 그래."

"엄마 이쁘잖아. 그럼 엄마도 조심해야 해?"

내가 전해주려던 메시지가 그게 아니었지만, 아이의 순진한 질문에 한순간 행복했던 느낌이 살아났다.

'네이버 클로버' 같은 음성녹음 기능을 활용하면 텍스트로 변환이 되어 이를 나중에 여행기로 활용할 수도 있다. 블로그에도 음성인식 기능이 있으니 간단하게 음성으로 글을 입력해놓는 것도 한 방법이다.

우리 가족은 여행 가기 전 같은 종류의 노트를 세 권 준비했다. 아이에게는 매일 일기 쓰는 습관이 먼저였기에 어떤 내용을 쓰든지 간섭하지 않았다. 30일간 쓴 일기에서 여행 중 있었던 일과 감정을 자세하게 묘사한 적은 거의 없었지만, 초등학교 2학년이던 시절 매일 기록했다는 성공의 감성은 남았다.

남편은 매일 밤 우리와 함께 영수증을 노트에 붙이고 한 줄 소감을 썼다. 영수증만 매일 붙여도 남편의 기록은 성공이라고 생각했는데, 감사하게도 비용을 지불하며 느낀 점이나 그날의 감사한 일을 짧은 메모로 남겼다(남편은 캠핑카에서 거의 모든 일을 담당했기에 세탁과 건조를 끝내면 밤 11시가 훌쩍 넘는 경우도 많아서 매일 기록하지는 못했다).

영수증의 기록을 왜 하는지 모르고 열심히 했던 남편은 여행 후 한참이 지나서 본인이 쓴 영수증의 기록을 다시 살펴보며 여행 당시의 느낌이 생각나 좋았다는 소감을 밝혔다. 영수증의 기록을 엑셀로 정리하는 건 하지 않기로 했다. 여행에서 무엇을 추구하고 어떤 것을 먹느냐에 따라 여행의 경비는 천차만별이기 때문이다.

내 노트에는 여행이 끝난 후《여행의 기록》을 쓸 것을 생각해서 그날 있었던 일과 감정을 시간의 흐름대로 정리하기도 하고, 남편이 늦은 밤까지 빨래하느라 기록을 건너뛰는 걸 대비해 중요한 지출을 기록해놓기도 했다. 가끔은 노트가 모닝 페이지처럼 내 안의 감정을 쏟아붓는 가상의 장소가 되기도 했는데, 그때마다 감정의 찌꺼기를 걸러주는 역할을 하기도 했다. 여행 중에 느꼈던 감정이 모두 좋을 수는 없다. 하지만 감정을 글로 표현하면 내 마음을 알아차리고 나와 타인을 이해하는 여유가 생긴다. 여행 중 적어 내려간 감정이 담긴 글은 정보성보다는 한 편의 에세이가 될 수도 있다.

여행을 다녀와서 기록의 소스를 재구성하며 블로그에 글을 작성할 때도 짧게 작성해둔 노트의 글이 기억을 소환하는 데 상당한 도움이 되었다. 《여행의 기록》을 쓰면서도 가장 도움이 된 부분이 매일 아이와 함께 썼던 노트에 있었다. 사람의 기억은 완벽하지 않고 항상 왜곡되기 마련이다. 기록은 왜곡된 기억을 바로잡아주기도 하고, 그때의 감정을 불러일으켜 한 편의 글을 완성시켜주기도 한다.

기억은 왜곡되기 때문에 짧게라도 기록해서 카카오톡 나에게 메시지 남기기, 원노트나 에버노트, 노션에 그때그때의 에피소드를 적어보자.

그림으로 기록 소스 만들기

: 포토 프린터로 어반 스케치에 도전

나를 찾는 여정 속에서 발견한 건, 나는 그림을 잘 그리지는 못해도 그림을 그릴 때면 집중을 하고 결과물을 보며 스스로 만족하는 사람이라는 것이다. 결혼 전에는 유화를 배우기도 했는데, 미래에 유럽 여행을 다니며 멋진 장소에서 이젤 위에 캔버스를 펼쳐놓고 그림 그리는 내 모습을 상상만 해도 좋았기 때문이다.

여행을 다니며 연필, 펜, 휴대용 물감 등 간단한 도구를 활용해 그리는 그림을 어반 스케치Urban sketch라고 하는데, 이 또한 여행 기록의 소스가 될 수 있다. 어반 스케치를 전문으로 하는 사람은 가는 곳마다 스케치북을 펼쳐 들고 물감으로, 펜으로 바로 그리며 여행의 기록을 즉석에서 만들어낸다.

유럽 캠핑카 여행을 가기 전 제주 YMCA에서 어반 스케치 강의를 3시간 듣고 대략의 스케치 방법을 터득했다. 풍경을 보며 그리는 건 자신이 없어서 가져간 포토 프린터로 그리고 싶은 풍경을 인화해 어반 스케치를 하기로 했다. 인터넷 쇼핑몰에서 구입한 휴대용 물감과 붓, 스케치북을 들고 갔다. 하지만 익숙해지기 전이라 그림까지 그릴 만큼 여유가 있는 여행은 아니었고, 어반 스케치를 하기 위한 목적이 절실하지 않았기에 그림은 여행 동안 두 장을 그리는 것으로 마무리했다.

서점이나 도서관의 여행책 코너에 어반 스케치를 그린 여행책이 꽤 되는 걸 보면 그림 또한 여행 기록의 중요한 소스가 되는 건 확실하다. 일상에서 어반 스케치를 하는 사람의 인스타그램 피드를 볼 때마다 부러운 마음이 올라오는 걸 보면 언젠가는 여행의 기록을 그림으로 남길 날이 올 것 같다.

같은 장소에서 가족 구성원이 각각의 그림을 그려보자.
혹은 여행지에서 찍은 사진을 활용해 나중에 그림을 그려도 좋다.

아이와 함께 기록하기
: 여행 중 일기 쓰기로 성취감 유발

아이는 초등학교 1학년 2학기부터 일기를 쓰기 시작했다. 학교에서는 마음담기 혹은 하루담기라고 지칭했다. 담임선생님께서는 《아홉 살 마음 사전》의 감정의 단어들과 내 마음의 날씨로 아이들에게 매일 글짓기를 하게 했다.

초등학교 1학년의 어휘력과 삐뚤빼뚤한 글씨로 제법 재미있는 이야기가 나왔다. '오늘 내 마음의 날씨'에는 "오늘 내 마음의 날씨는 '신나'입니다. 왜냐하면 오늘은 아빠 생일이기 때문입니다", '억울해'라는 단어는 "레몬 사탕은 아빠가 샀는데 내가 혼날 때 마음", '어이없어'로는 "내가 먹던 막대사탕이 똑 떨어졌어", '불편해'라는 단어는 "엄마한테 거짓말을 한

캠핑카에서 일기로 여행
의 기록을 남기는 아이

게 들통날 거 같을 때 마음", '부담스러워'라는 단어는 "아빠
친구가 갑자기 말을 걸었어" 등 재미있고 재치 있는 문장들
이 많이 나왔다. 시간이 지날수록 1학년 2학기 때의 문장처
럼 재미있는 이야기는 자주 나오지 않았지만, 하루담기 기록
은 아이에게 꼭 해야 하는 일로 자리 잡았다.

여행의 테마를 '기록하는 여행'으로 잡았을 때 어떻게 하면
아이가 여행의 기록을 재미있게 매일 할 수 있을까에 대해 고
민했다.

첫 번째로 중요한 건 기록을 할 수 있는 환경을 만들어주
는 일이었다. 우리 가족의 기본 취침 시간은 밤 9시이다. 잠을
제대로 자야 다음 날 여유로운 아침을 기분 좋게 맞을 수 있
다. 피곤하면 기록하고 싶지 않은 핑계가 생길 수 있다. 하루

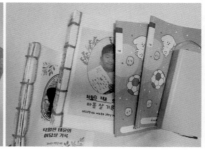

초1부터 아이가 작성한 마음담기, 하루담기의 기록장들

의 일정을 저녁 7시쯤 마무리하는 것으로 기준을 잡았다. 실제로 유럽의 캠핑장은 어둑해지면 모두 캠핑카 안으로 들어가기 때문에 조용한 분위기에서 기록하는 시간을 만드는 일이 가능했다.

두 번째로 중요한 건 재미있어야 했다. 그래서 생각한 방법은 매일 아이가 찍은 사진을 스스로 골라 포토 프린터에서 인화하고, 노트에 붙인 후 기록을 하게 한 것이다. 10년도 훨씬 지난 디지털 카메라를 아이에게 주었더니 매우 좋아했다. 하지만 카메라 배터리 충전기를 챙겨오지 못해 중간에 방전되고 말았다. 사진을 직접 찍을 수 없으니 재밌어하던 사진 인화도 시들해졌다. 이후 당일에 찍은 8장의 사진을 내가 먼저 골라놓으면, 아이가 마음에 드는 사진을 골라 자신의 기록 노트에 붙였다. 당장은 모르더라도 세월이 지나면 자신이 만든 한 권의 여행 책자를 추억할 날이 올 것이다.

체험학습서를 대신한 여행 기록기를 본 담임선생님이 칭찬해주셨다며 아이는 많이 뿌듯해했다. 당시엔 귀찮았지만, 그래도 빼먹지 않고 꾸준히 기록한 게 현재의 아이를 더욱 성장시켜준 것이다.

세 번째로 중요한 건 아이가 일기를 쓸 때 부모가 함께 기록하는 것이다. 어른인 나는 일기를 쓰지 않으면서 아이에게 매일 일기를 쓰게 하는 건 부모가 책을 읽지 않으면서 아이에게 독서를 강요하는 것만큼 설득력이 떨어진다. 여행 떠나기 전, 세 권의 노트를 준비하면서 엄마와 아빠도 함께 일기를 쓸 예정이라고 알려주어 아이의 글쓰기 동기를 유발했다.

하루 일정을 마무리하면서 아이가 일기를 쓸 때 꼭 함께 앉아 그날 하루 있었던 일과 느낌을 기록했다. 여행하며 피곤한데 하루의 끝에서 기록까지 하는 일은 쉽지 않았다. 하지만 이건 삶에 대한 자세라고 생각했다. 피곤하다는 핑계로 어른인 내가 기록을 미루고 아이에게만 일기를 쓰게 시키면 아이는 억울한 마음이 들 것이다. 게다가 어른이 되면 변명과 핑

유럽 캠핑카 여행에서 아이와 부
모가 함께 기록한 노트

계로 할 일을 미뤄도 된다는 생각이 무의식 속에 각인되면 어
쩌지 하는 걱정에 비장한 마음도 들었다.

아이는 부모의 삶의 자세를 그대로 받아들여 몸에 새긴다.
물론 타고난 천성과 기질이 있고, 부모 중 누구의 삶의 자세
를 닮아갈지는 모르겠지만, 아이가 기록을 넘어서 미래에 도
움 되는 습관이 형성되길 바란다. 어쩌면 부모가 같이 쓴다는
원칙을 넣은 건, 나에게 매일 좋은 습관을 부여하기 위한 시
스템을 만든 것일 수도 있다.

이후 치앙마이 한 달 살기를 할 때는 아이가 엄마의 기록
여부도 상당히 궁금해했다. 아이가 뭔가를 하게 만들고 싶다
면 부모가 함께하는 게 가장 중요한 동기부여 방법이 아닐까?

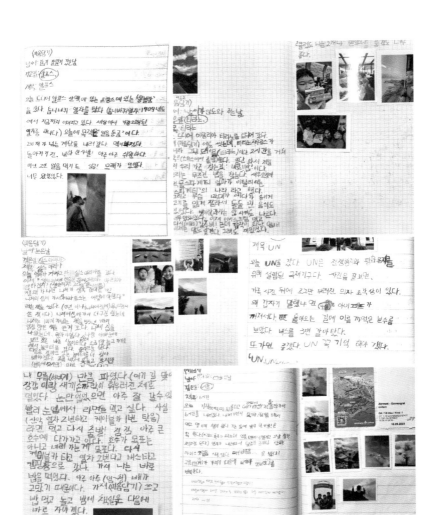

아이가 쓴 여행의 기록

영수증으로 기록하기

: 순간의 장면이 오롯이 담긴 뜻밖의 여행 기록 (by 남편 박봉석)

유럽 캠핑카 가족 여행에서 내가 맡은 역할은 여행 경비를 관리하고 영수증을 기록하는 것이었다. 평소 기록이나 일기를 쓰지 않는 나에게는 귀찮고 불편한 일이었다. 신용카드나 결제 앱을 사용하면 굳이 영수증을 정리하지 않아도 사용 내역을 확인할 수 있는데, 매일 영수증을 노트에 붙이고 정리하는데 시간을 쓰는 것이 번거롭고 불편했다.

여행을 다녀온 후 1년이 지나 책장 한 켠에 있던 영수증 기록을 다시 보며 추억 여행을 하게 될 줄은 전혀 상상도 못 했다. 이제는 한 달간의 여행을 모두 기억할 수도 없고, 그저 즐겁고 좋았던 일부만 어렴풋이 떠오를 뿐이다. 하지만 매일 귀찮게 쓴 흘려 쓴 글씨와 억지로 채운 영수증 기록을 다시 보면서 잊었던 추억의 한 부분을 다시 찾을 수 있어 기분이 좋았다. 문득 오래된 물건들 사이에서 발견한 옛 사진첩을 들춰보는 느낌이랄까.

여행 중에 영수증을 기록, 정리하지 않고 그냥 모아두기만 했다면 지금쯤 그저 쓰레기에 불과했을지도 모른다. 영수증의 기록에는 그날의 지출 내용뿐만 아니라 돈을 쓴 순간의 장면과 가족의 감정이 담겨 있었다.

예를 들어, 유럽 음식이나 과일을 처음 먹어본 아이가 뱉은 간단한 맛 표현이라든가, 뢰머 광장에서 버스 시티투어를 하게 된 장면, 베른에서 화장실을 찾아 급하게 아이스크림을 사먹었던 생생한 상황도 한 줄로 적혀 있었다. 프랑스 샤모니에서는 스위스보다 저렴한 물가에 충동적으로 와인과 식자재를 구매했고, 에귀디미디에서는 고산병으로 고생해 불편한 기분을 산 중턱 카페에서의 멋진 풍경과 커피 한 잔으로 이겨냈던 내용도 기록되어 있다.

지난 영수증의 기록을 보며 우리 가족이 했던 첫 유럽 캠핑카 여행을 짧게 되짚어볼 수 있었고, 잊었던 추억의 한 부분을

영수증의 기록에는 돈을 쓴 순간의 장면과 가족의 감정까지 생생하게 담겨 있었다.

다시 채울 수 있었다. 그제야 여행 초기에 계획했던 가족 각자의 기록 역할이 얼마나 중요한 의미를 가졌는지 깨달았다.

시간이 흐르면서 기억이 흐릿해지듯, 영수증의 글씨(감열지)도 점차 흐릿해져가고 있다. 영수증의 기록으로 여행의 동선과 그때의 감정을 재구성할 수 있었지만, 지난 시간의 흔적과 함께 약간의 아쉬움도 남았다. 조금 더 시간이 지나면 영수증의 기록이 하얀 종이로 변하겠지만, 가족 모두가 참여한 여행의 기록을 통해 우리가 함께했던 추억의 흔적이 더 오래 남아 있기를 바란다.

　우리는 지금껏 여행을 하면서 사용하는 전체 경비와 지출한 금액만 중요하게 생각할 뿐, 그 당시 돈을 왜 썼는지, 그때의 감정과 분위기는 어땠는지는 생각해본 적도 없고, 되새겨보려니 어느새 기억도 희미해진다. 여행에서 사진으로 추억을 남기는 것만큼, 여행 중 사용한 비용과 상황을 간단히 정리하는 것도 때로는 여행을 추억하는 좋은 기록의 한 방법임을 깨달은 귀한 경험이었다.

Chapter 4

기록하면
비로소 보이는 것,
의미

여행 사진 리뷰하기
: 그때 그 시간 속으로 다시

여행 기록을 재구성하면서 가장 먼저 해야 하는 건 시간의 흐름에 따라 사진을 정리하는 것이다. 구글 포토에 사진을 저장했다면 구글 포토 앨범을 만들어야 한다. 여행 사진을 모두 선택하고 앨범 이름을 생성한다(네이버 M-BOX도 같은 방법으로 앨범을 만들면 된다).

저장한 앨범은 함께 여행한 사람과 공유가 가능하다. 여행을 다녀온 후 찍은 사진이 휴대폰에만 보관되어 있거나, 구글 포토나 네이버 M-BOX에만 저장되어 있는 경우가 대다수이다. 앨범을 따로 만들어 저장하는 경우는 그래도 한 단계 위이다. 여행할 때 찍었던 많은 사진이 그대로 휴대폰에 쌓이고, 이전 사진을 지울 수 없다면 더 큰 용량의 휴대폰으로 바꿔야 할 수도 있다. 예전의 내가 그랬다.

그러면 여행을 다녀와서 쌓인 사진은 어떻게 활용하면 좋을까?

여행 사진을 정리했다면 거기서 끝내지 말고, 함께 다녀온 사람들과 여행 사진을 훑어보며 그때의 기억을 소환하고 느낌도 공유하는 시간을 가져볼 것을 추천한다. 요즘에는 여행지에서 사진을 찍느라 풍경을 제대로 감상하지 못했다는 사람이 늘고 있다. 현장에서 제대로 감상할 수 있는 기회까지 놓쳐가며 사진을 열심히 찍는 이유를 들어보면 돌아가서 언제든 다시 꺼내 볼 수 있기 때문이라고 한다. 하지만 일상으로 돌아와 바쁘게 지내다 보면 여행 사진을 꺼내 볼 여유가 없다. 어쩌면 여행 사진을 다시 살펴볼 필요를 느끼지 못해서일 수도 있는데, 사진을 이용해서 여행의 기록을 마무리한다는 생각으로 찍은 사진을 다시 훑어보자.

유럽 캠핑카 여행을 다녀온 후 가족 공동설문지를 작성해 남편과 아이에게 나눠주며 작성을 요청했다. 여행 첫날부터 그날의 여정을 곱씹으며 기록을 해오던 나와는 달리 남편과 아이는 기억을 떠올리기 힘들어했다. 유럽 캠핑카 여행을 다녀온 지 7개월가량이 지났고, 4개월 전에 남편과 아이는 태국 치앙마이 여행을 한 번 더 다녀왔기 때문에 그 전의 여행 기억이 머릿속에서 삭제되었을 가능성이 컸다.

책상 앞에 모여 앉아 노트북을 꺼내 구글 포토에 '유럽 캠핑카 여행'으로 저장되어 있는 사진을 첫날부터 순서대로 함께 보았다. 여행 사진을 보며 가족 구성원에게 브리핑했다. 프랑크푸르트 호텔에서 아이가 좋아하는 아침 메뉴로 조식을 먹는 장면에서부터 캠핑카 픽업 후 레베 마트에서 카트에 가득 차 있는 물건을 아이가 나르는 장면, 제네바의 호수와 연결된 공영 수영장에서 사촌을 만나 즐겁게 수영하는 장면, 프랑스 몽땅베르의 빙하동굴에서 빙하 얼음물을 먹는 장면 등을 시간의 흐름에 따라 눈으로 확인하며 나의 브리핑을 듣던 아이는 처음에는 시큰둥한 태도를 보이더니 어느새 노트북 모니터 앞으로 바짝 다가와 앉았다.

"피츠 나이어 꼭대기에서 전날까지 쌓인 눈 때문에 내려가는 길이 없어 조난할 뻔하기 전에 현지 할아버지와 눈싸움을 했지."

아이의 기억을 떠올려주려 사진을 보며 이야기를 던졌다.

"맞아, 거기에서 커다란 고드름도 따서 먹었어."

아이가 그때의 기억이 떠올랐는지 맞장구를 쳤다. 내친김에 아이의 기억을 더 끌어내주기 위해 특별했던 에피소드 한 자락을 더 던져보았다.

"마터호른을 앞에 두고 고르너그라트에서 하이킹하며 내려올 때 우리가 3만 3천 보를 걸었잖아. 그때 마지막에 태윤이가 너무 힘들어해서 엄마가 아이스크림하고 콜라를 사준다고 했더니 갑자기 힘이 넘치더라."

"진짜? 그래서 콜라를 사줬어?"

아이의 지워진 기억 때문에 순간 당황했다. 그렇게 신나 하면서 아이스크림과 콜라를 먹었는데 그게 기억이 안 난다고?

당황한 표정의 나를 보더니 남편이 눈치껏 아이에게 부연

코멘터리 영상 만들기

여행의 사진을 정리하며 기록하는 과정을 즐길 수 있는 재미있는 방법 중 하나로 '코멘터리' 형태가 있다. 여행을 다녀온 후 사진을 보며 이야기를 나누는 걸 촬영하는 것이다. '코멘터리'란 영화를 만들거나 출연한 사람이 본인들의 영화를 보며 하는 리액션을 촬영한 것을 의미한다. 만약 가족이나 친구 등 단체가 한 여행의 기록을 남기는 경우, 함께 여행에 참여한 사람들이 여행 중 촬영한 사진이나 동영상을 보며 리액션하는 코멘터리를 만들어보면 어떨까? 또 하나의 여행의 기록이 만들어질 것이다.

설명으로 잊힌 기억을 채워주었다.

"당연하지. 내려가서 바로 콜라부터 샀지."

서로 빠른 속도로 티키타카하며 유럽 캠핑카 여행 30일 동안 찍은 4천 장가량의 사진을 보고 있는데 아이가 말했다.

"하루하루 바쁘게 다녔네."

여행지에서 나눈 이야기도 소중하지만, 이렇듯 가족과 함께 사진을 보며 지난 여행을 재구성하는 과정에서 그때의 기억을 소환하는 일은 또 하나의 재미와 감흥을 불러일으키기도 한다.

가족 공동설문지 만들기
: 함께 완성하는 즐거움

여행이 끝난 후에는 대부분 여행의 추억에 대한 얘기를 나누는 것에서 그칠 수 있다. 하지만 여행의 기록을 정형화된 문서로 만들면 기억을 재탐색하게 되어 사소해서 놓치거나 잊힐 수 있는 기억도 되살릴 수 있게 된다.

우리나라 각 지방 도시에서 진행한 한 달 살기 프로젝트에 참여해본 한 지인은 특정 지역 한 달 살기 여행이 끝난 후 30~40개 문항의 여행 후기와 관련된 설문지를 받았다고 한다. 설문지를 살펴보니 여행의 전반적인 느낌이 어땠는지, 어떤 프로그램이 좋았는지, 어떤 장소가 좋았는지, 불편한 점은 무엇인지, 어떤 음식이 맛있었는지, 숙박은 어디가 가장 좋았는지, 좋았던 이유는 무엇인지, 다음에 또 방문할 의사가 있는지 등 다양한 질문이 객관식·주관식의 형태로 포함되어 있었다.

가족이 함께 다녀온 여행도 마찬가지로 '가족 공동설문지'를 작성하여 여행에 대한 각자의 의견을 들어본다면, 여행 중 알지 못했던 다른 구성원의 생각과 느낌을 알게 될뿐더러, 이 자체가 다음 여행의 좋은 소스가 되기도 할 것이다.

캠핑카 여행의 마지막 날, 우리 가족은 어떤 지역이 좋았는지, 가장 기억에 남는 곳은 어디였는지 서로 이야기를 나누었다. 여행에서 돌아와 시차 적응을 할 때에도 침대에 누워 여행지 중 좋았던 곳에 대한 서로의 추억을 이야기하다 잠들곤 했다. 내가 좋았던 한 곳을 이야기하면, 이어서 아이가 본인이 좋았던 곳을 이야기하는 식이었다. 좋았다는 장소에 대해 맞장구를 쳐줄 때마다 아이가 신나 하는 모습을 보며 새삼 함께 여행 다녀오길 잘했다는 생각이 들기도 했다.

이야기만 나누고 끝내는 것도 좋지만, 기록으로 남기기 위해서는 문서로 만드는 것도 좋겠다 싶어 '가족 공동설문지'를 만들었다. 설문지에는 유럽 캠핑카 여행지를 굵직하게 스무 군데 정도 나열하고, 가장 좋았던 다섯 가지를 고르게 한 후 그 이유를 설명해달라고 했다. 아빠가 요리했던 음식 중 베스트와 워스트는 무엇인지, 여행지에서 만난 사람 중 가장 기억에 남는 사람은 누구인지, 가장 좋았던 캠핑장은 어디였는지, 캠핑카 여행에서 아쉬웠던 점은 무엇인지 등을 적는 문항도 만들었다. 공동설문지의 문항은 함께 의논하여 얼마든지 변경과 응용이 가능하다.

다음으로 고민되었던 부분은 초등 3학년인 아이가 초등 2학년일 때의 기억을 끄집어내어 엄마의 의도에 따라 설문지를 작성할 수 있느냐였다.

설문지를 프린트해서 가족과 함께 바닷가 앞 카페에 갔다. 아이가 좋아하는 초콜릿 음료를 주문해 기분 좋게 만든 후 남편과 아이에게 설문지를 나눠주고 작성을 요청했다. 아이는 스무 개의 여행지 중 가장 좋았던 여행지 다섯 곳을 선정하라는 첫 번째 문항을 보자마자 스무 개 여행지에 모두 동그라미를 쳤다. 다섯 개만 고르라고 했는데 말을 듣지 않았다.

그래서 아이의 기억을 끄집어내기 위해 시작한 게 구글 포토의 '앨범 보기'였다. 앞의 '여행 사진 리뷰하기'에서 이야기했듯이 처음에 시큰둥하던 아이는 사진을 보며 여행 때 즐거

가족 공동설문지를 프린트해서 함께 작성하는 모습

왔던 기억이 떠올랐는지 흥미를 보였고, "우리 지금 회의하는 거야? 어른이 된 느낌인데?"라는 놀라운 말을 꺼냈다. 아이는 사진을 보기 전까지는 설문이 수학 문제를 푸는 것같이 어려웠다고 솔직하게 고백했다. 여기서 깨달은 건, 아이에게 여행 후 설문지를 만들어 작성해달라고 할 때는 과제를 하듯이 시키는 게 아니라 아이도 함께 즐거운 여정이 되게 배려해야 한다는 것이다.

　이 설문 과정은 아이뿐 아니라 남편과 내 안에 잠자고 있던 여행의 순간을 되살리는 시간이 되었고, 여행에서의 즐거웠던 기억이 의미의 씨앗으로 내재되는 과정을 만들어가는 중요한 토론의 시간이 되었다. 또한 가족회의를 통해 아무것도 모를 거라는 아이에 대한 편견을 버리고, 아이가 여행의 동반자로 대우받고 있다는 느낌을 들게 하는 것이 중요하다는 걸 깨달았다.

　가족회의를 하면서 아이는 자신이 당당한 구성원으로서 어른 같은 대접을 받고 있음을 뿌듯해했는데, 그럼에도 아이에게 진솔한 답변을 끌어내는 데는 다소 어려움이 있었다. 2차로 아이에게 흔든 당근은, 아이가 작성한 설문지 페이지 수만큼 원고료를 지급하는 것이었다. 초등 3학년부터 용돈 교육을 하고 있는데, 용돈을 넘치듯이 주지 않고 홈 알바를 통해 추가 비용을 충당하도록 했다.
　설문 문항을 건성건성 작성하려는 아이의 자세를 포착한 나는 원고료를 제안했다. 한 페이지당 500원, 4장에 2천 원이라는, 아이에게는 나름 거금을 제시하니 빠른 집중력을 발휘해 모든 문항을 꼼꼼하게 작성했다. 아이와 함께 기록을 위한 설문지를 작성해야 한다면, 작업의 가치에 맞는 대가를 아이에게 지급할 것을 추천한다.

　여행 후 만든 가족 공동설문지 문항은 다음과 같다.

1. 가장 기억에 남는 유럽 캠핑카 여행 다섯 가지를 골라보세요.

1) 프랑크푸르트 호텔

2) 베른 야영장 앞 호수에서 수영한 일

3) 베른 캠핑장에서 외국 친구들과 축구한 일

4) 제네바에 있는 수영장에서 승재 형과 수영한 일

5) 유엔 직원 친척과 제네바 유엔 투어한 일

6) 샤모니 몽땅베르 빙하동굴에서 얼음 먹은 일

7) 샤모니 레귀디미디 꼭대기에 올라간 일, 비 오는 날 루지 탄 일

8) 고르너그라트 꼭대기에서 마터호른을 보며 트레킹하고 내려
   온 일(잣, 산딸기)

9) 젖소 놀이터가 있고, 묀히, 융프라우, 아이거를 바라볼 수 있
   었던 멘리헨

10) 인터라켄 동굴 투어

11) 피르스트에서의 트레킹(신혼부부 처음 만났던 곳)

12) 인터라켄 하더쿨룸에서 도마뱀 만난 일

13) 인터라켄 유람선 투어

14) 생모리츠에서 베르니나 익스프레스 타고 이탈리아 티라노 다
    녀온 일(레스토랑 방문)

15) 실스마리아 니체 하우스 방문

16) 생모리츠 피츠 나이어에서 트레킹하며 내려온 일(조난할 뻔한 일)

17) 장크트갈렌의 '세계에서 가장 아름다운 도서관' 구경한 일

18) 라인 폭포, 피파 뮤지엄 구경한 일

19) 콘스탄츠 관광(오랜만에 레스토랑에서 식사, 염소 먹이 주던 곳)

20) 노이슈반슈타인 성(백조의 성) 구경한 일

21) 프랑크푸르트 축구장 들른 일

2. 선정한 다섯 군데가 왜 좋았나요?

3. 가장 좋았던 캠핑장과 이유는?

1) 베른 TCS (2박 / 강 수영했던 캠핑장)

2) 제네바 TCS (2박 / 친척과 이틀 연속 만났던 캠핑장)

3) 샤모니 작은 캠핑장 (Camping Les Arolles) (2박 / 루지 탔던 캠핑장)

4) 테시 캠핑장 (Camping Attermenzen) (2박 / 구구단 외우며 춤췄던 캠 핑장)

5) 캠핑 융프라우 (2박 / 친척과 차박했던 캠핑장)

6) 인터라켄 TCS (3박 / 오리에게 빵 줬던 캠핑장)

7) 생모리츠 TCS (TCS Camping Samedan) (4박 / 이탈리아 티라노와 니체의 집 갔던 캠핑장)

8) 캠핑 시혼 (2박 / 닭백숙 해 먹었던 캠핑장)

9) 캠핑 피셔하우스 (2박 / 수영장에 슬라이드 있고, 탁구했던 캠핑장)

작성한 가족 공동설문지. 아이와 함께 읽어보며 답을 받았다.

10) 노이슈반슈타인 성 캠핑장 (Camping Brunnen) (1박/발로 굴리는
    자동차 탔던 캠핑장)

11) 독일 캠핑장 (Camping Main-Spessart Park) (2박/캠핑장 안 이탈
    리안 레스토랑에서 스파게티 먹었던 캠핑장)

4. 아빠의 캠핑카 음식 중 가장 맛있었던 음식은?

5. 아빠의 캠핑카 음식 중 가장 별로였던 음식은?

6. 사 먹었던 음식 중 가장 맛있었던 음식은? (또 먹고 싶은 음식)

7. 만났던 사람 중 가장 인상 깊었던 사람은?

8. 유럽 캠핑카 여행 중 가장 힘들었을 때는 언제인가? 이유는 무엇인가요?

9. 유럽 캠핑카 여행을 다시 간다면 꼭 가고 싶은 곳은? 이유는 무엇인가요?

10. 유럽 캠핑카 여행 중 다음에는 다시 가지 않아도 될 곳은?

11. 각자의 사진 고르기

12. 다음 유럽 캠핑카 여행에서 해보고 싶은 것은?

13. 이번 여행에서 준비해간 것 중 가장 잘 사용했던 것은?

14. 유럽 캠핑카 여행에서 아쉬웠던 점은?

15. 유럽 캠핑카 여행 중 가장 멋진 풍경이었다고 생각하는 장소는?

가족 공동설문지는 꼭 가족이 대상이 아니더라도 스스로 만들어볼 수도 있고, 함께 여행한 구성원들과 공유해서 작성해볼 수도 있다. 번거로운 일이기는 하지만, 설문지 작성에 대한 횟수를 거듭하다 보면 나와 가족 구성원이 원하고 좋아하는 여행의 형태가 나올 수 있지 않을까?

그림으로 기록 완성하기
: 어반 스케치, 디지털 드로잉, 인포그래픽

어반 스케치

그림은 기록의 소스이기도 하지만, 그 자체로 완성된 여행 기록이 되기도 한다. 여행지에서 찍은 사진이 기기로 표현되는 기록이라면, 그림은 나의 손끝을 통해 아날로그적 형식으로 표현되는 감성이다. 사진은 찍는 사람에 따라 다르게 표현되지만 그림만큼 그 차이가 크지는 않다. 그림은 전문적인 화가만 그린다고 여겼던 과거와는 달리 요즘은 펜 드로잉 같은 어반 스케치가 SNS를 통해 대중화되어 퍼지고 있다.

어반 스케치는 현장에서 직접 그림을 그리는 행위로 누구나 그릴 수 있고, 특히 일상이나 여행지 등 어느 장소에서나

여행 초반에 그린 그림

즉석에서 그림으로 표현할 수 있는 회화 활동을 의미한다. 즉, 작은 스케치북, 연필, 펜, 지우개, 물감을 휴대하고 다니며 그리는 그림이다. 블로그와 SNS를 통해 전 세계로 퍼져나가고 있는 어반 스케치는 그림을 전문적으로 배우지 않아도 마음만 먹으면 시도해볼 수 있다.

그림 그리기에 익숙하고 그리는 일정까지 따로 생각하고 온 사람이라면 현장에서 바로 어반 스케치를 하겠지만, 그렇지 않다면 여행 장소에서 그리고 싶은 장면을 사진에 담아 여행에서 돌아온 후 그려도 된다.

준비해간 그림 도구로 그린 어반 스케치

   유럽 캠핑카 여행을 할 때 어반 스케치를 위한 기본적인 도구를 가져가서 여유가 생길 때마다 그림을 그리려고 했지만 생각보다 쉽지 않았다. 독일의 작은 마을인 프리트베르크에서 캠핑카 픽업 시간을 기다리는 동안 마을의 풍경을 직접 그렸고, 프랑스 샤모니에서 몽블랑 꼭대기의 모습을 사진으로 찍어와 나중에 그렸는데, 그림 초보자에게는 입체적인 실제 풍경보다는 평면에 담긴 사진을 그림으로 담는 게 훨씬 쉬웠다. 사진을 많이 찍어두면 언제든지 꺼내서 원하는 그림을 그릴 수 있다.

디지털 드로잉

스케치 도구를 이용해 종이에 직접 그림을 그릴 수도 있지만, 아이패드를 활용해 그림을 그릴 수도 있다. 예전에는 디지털 드로잉을 그린다는 건 상상조차 못 한 왕초보였는데, 아이패드 장비를 갖춘 후 디지털 드로잉을 배우니 재미있고 할 만했다.

가장 쉬운 디지털 드로잉은 찍어놓은 사진의 윤곽을 따라 그림을 그리는 것이다. 지난 20년 동안 해외 출장을 다닌 경험을 블로그에 '뒤죽박죽 세계여행기'라는 제목으로 연재했는데, 예전에 찍어놓은 수많은 사진 중 마음에 드는 것을 골

아이패드로 사진 위에 그린 디지털 드로잉. '뒤죽박죽 세계여행기' 쓸 때 그린 그림들이다.

라 스캔하여 디지털 드로잉으로 옮겼다. 사진을 그림으로 옮기면서 오래된 여행이지만 그때 그 순간의 감동을 선명하게 소환할 수 있었다.

인포그래픽

두 번째로, 그림이 소스가 되어 여행의 기록이 될 수 있는 다른 방법은 이모티콘 형식으로 그림을 기록하는 것이다. 전문적으로 말하면 '인포그래픽'이라고 할 수 있는데, 이는 정보를 빠르고 분명하게 표현하기 위해 정보, 자료, 지식을 그래픽, 즉 시각적으로 표현한 것을 말한다.

아이에게 아이패드로 경험 삼아 그려보게 한 캠핑카 여행 그림(베른 아레강에서 수영한 그림 / 이탈리아 아이들과 축구한 그림)

여행을 마친 후 우리가 지나온 곳의 지도를 그리면서 머물렀던 여행지마다 경험의 특징을 표현할 수 있는 그림이 필요했다. 이를 위해 여행에서 돌아온 후 아이에게 여행지마다 기억에 남는 장면을 그림으로 표현해달라고 주문했다.

여행의 기록을 만드는 데 있어 가족 구성원으로서 아이의 참여는 꼭 필요하다. 아이가 단순히 그림을 그리는 행위라고 생각하지 않고 영감을 끌어내기를 바랐다. 여행하면서 느끼는 것들을 사진, 글, 그림 등 다양하게 표현할 수 있음을 알고 자발적으로 그리는 것과 "이런 걸 그려봐" 하고 주문하는 건 엄연히 다르다. 아이가 인포그래픽에 들어가는 그림을 자발적으로 그림으로써 보다 많은 창의력을 끌어내주고 싶었지만, 여행과 사물을 대하는 태도를 알려주는 것에 의미를 두었다.

　여행을 다녀온 지 7개월이 지난 시점에서 기록에 대한 아이의 태도를 새삼스럽게 끌어낸다는 게 쉽지는 않았다. 이런 과정을 통해 숙소나 여행지를 알아보는 준비를 하기 전에 구성원 각자에게 있어 이번 여행의 의미는 무엇인지를 먼저 의논해야 하지 않았나 뒤돌아보게 되었다. 여행을 단순히 엄마, 아빠를 따라다니며 소비하는 것으로 생각하지 않고, 각자의 눈으로 깨닫는 게 중요하다는 것을 아이에게 알려주었어야 했다. 여행에 대한 관점을 심어주는 것과 심어주지 않는 것의 차이는 크기 때문이다.

　여행을 가기 전 아이에게 여행을 표현하면서 "너의 느낌을 어떻게 표현하면 좋겠니?"라는 질문을 통해 여행지마다 아이 스스로 무엇을 그릴지 생각하고, 그림의 제목과 간단한 글을 써보게 했으면 아이에게 더 의미 있는 여행이 되지 않았을까 하는 아쉬움이 남는다. 하지만 하지 못한 것을 후회하는 대신 첫 번째 유럽 가족 캠핑카 여행에 필요한 인포그래픽 그림을 아이에게 주문했다. 베른 아레강에서 수영한 것과 이탈리아 아이들과 축구한 장면을 그리는 것에서 그쳤지만 말이다.

아이들은 그림을 그리는 과정에서 감정, 생각, 욕구를 시각적으로 표현하며 자기도 모르는 사이에 자신의 심리적 상태를 깨닫게 된다고 한다. 이것이 체화되어 여행에 대해 새로운 것을 경험하는 즐거운 삶의 도구로 생각할 수 있다면 인포그래픽을 그리는 것 자체만으로도 큰 의미가 있는 것 아닐까.

여행 어플로 기록 완성하기
: 계획부터 기록까지, 다양한 어플 활용법

쉽고도 편리한 팔방미인, 노션

노션은 메모, 문서의 기록과 프로젝트 관리를 할 수 있는 온라인상의 플랫폼이다. 일정 관리, 독서 모임, 가계부, 개인 포트폴리오(이력서), 회사 소개서, 홈페이지, 업무 매뉴얼 등 다양한 목적을 위해 사용될 수 있다. PC와 스마트폰에서 동기화가 되기 때문에 온라인, 오프라인에서 언제 어디서든 편리하게 정리할 수 있다. 특히 개인이 만든 템플릿을 공유하여 여러 사람이 함께 사용할 수 있어 자칫 복잡해 보이는 기능을 초보자도 쉽게 이용할 수 있다는 게 장점이다.

초등학교 6학년 조카가 치앙마이 여행에서 먹은 음식을 노선에 정리한 글을 보았다. 노션으로는 계획과 메모만 했는데 여행지에서 먹은 음식을 기록할 수 있다니 새로웠다. 생각할 수록 노션은 여행의 기록에 딱 맞는 플랫폼이다. 예전에는 엑셀로 준비물, 여행할 곳의 체크리스트를 만들고, 여행에서 사용한 비용만을 결산했다면, 노션에서는 다른 여행자의 여행기를 링크 걸 수도 있고, 지도, 항공권, 여권 사본, 여행자보험 가입증서 등을 첨부해 한 곳에서 볼 수 있다는 장점이 있다. 즉, 사진, 영상, 링크 등 멀티미디어의 활용도가 뛰어난 플랫폼이다.

무엇보다 여행 계획부터 여행의 기록까지 단계별로 노션을 활용할 수 있다.

첫째, 여행 계획 단계에서 노션을 활용하는 방법이다. 목적지, 여행 기간, 물품 체크리스트, 항공권과 숙소, 여행의 동선, 맛집 리스트, 타인의 여행 후기, 기타 자료조사, 예산 편성과 여행 가계부 정리 포맷을 만들어놓는다. 항공권이나 여권 사본 등 필요한 서류는 첨부 파일로 담아둘 수 있어서 프린트하거나 매번 이메일을 열어 항공권을 확인하지 않아도 된다.

둘째, 여행 중에는 노션에 기록해놓은 정보로 여행을 다니면서 지출 비용을 메모하고, 새로 알게 된 현지 정보와 여행의 느낌을 바로바로 기록할 수 있다. 찍은 사진과 함께 여행지 정보까지 그때그때 입력할 수 있다 보니, 여행 기록의 소스가 곧바로 완벽한 여행의 기록이 될 수 있다는 장점이 있다.

셋째, 여행을 다녀와서는 노션에 작성했던 여행 준비, 해당일의 기록을 소스로 활용하여 블로그와 브런치에 긴 기록을 남길 수 있다. 여행이 끝난 후 블로그를 작성할 때 이미 지나버린 과거의 일이라 그때의 감정이 살아나지 않는 경우가 많은데, 여행 중 노션에 기록해놓은 정보와 느낌으로 현장감을 되살릴 수 있다는 장점이 있다.

노션은 PC와 스마트폰이 실시간으로 동기화되어 사용하는데 있어 공간의 제약이 없고, 사용자가 원하는 대로 템플릿을 자유자재로 구성할 수 있다. 노션 초보는 여행 덕후가 블로그나 브런치에 올린 템플릿을 복사하여 바로 자신의 여행 기록을 노션에 시작할 수 있다. 노션 고수는 본인이 만든 템플릿을 크몽이나 리틀리 같은 지식 플랫폼에서 직접 판매하여 수익을 올릴 수도 있다.

노션은 여행의 계획부터 사용하는 게 효과적인데, 유럽 캠핑카 여행에서는 노션을 활용할 방법을 생각하지 못했다. 다음번 치앙마이 한 달 살기 여행을 준비하며 노션 고수가 정리

여행 계획부터 기록까지 효과적으로 정리할 수 있는 노션 어플. 노션 고수들이 정리해놓은 템플릿을 활용할 수 있어 편리하다.

해놓은 템플릿을 활용해 여행 전 기록을 시작하니 단계별로 꼼꼼하게 사전 준비를 할 수 있었다. 준비에서부터 여행 중, 다녀와서 작성한 노션의 상세한 여행 기록은 내가 공유하고 싶은 사람하고만 공유할 수 있다는 장점도 있다.

기록에 편리한 다양한 어플들

노션 이외에도 여행을 기록할 수 있는 다양한 어플이 있다. 24년 여름에 다녀온 치앙마이 한 달 살기에서는 트리플이라는 어플을 사용했는데, 여행 기간을 입력하면 일정, 예산까지 짜준다. 날짜별로 방문한 곳을 입력할 수 있고, 지출한 목록을 적는 가계부도 현지 통화로 입력하면 환율을 계산해서 한화로 보여준다. 매일 방문한 여행지와 사용한 비용을 빠짐없이 입력하면 총 지출한 금액과 방문했던 곳을 다른 사람과 공유할 수 있어 편리하다. 불편한 점은 구글 지도에 나와 있는 장소 중 업데이트가 안 되어 있는 곳이 많다는 것이다.

핀트윈 어플은 여행지 사진만을 담는 플랫폼으로, 다른 사람의 여행지 추천을 볼 수 있다. 트라비포켓은 여행 시 사용한 여행 경비만을 기록하는 어플이다. 스크랩 어플은 휴대폰에 있는 사진을 취합하여 여행한 나라를 그루핑해주고, 날짜별-시간별로 찍힌 사진을 타임라인이라는 형태로 사용자에게 보여준다.

다양한 여행 기록의 어플을 다운받고 사용해보았지만 여행 계획, 여행지에서 소스를 모으고 여행의 기록을 완성할 때까지 완벽하게 구성된 어플이 내 기준에는 없었다.

여행 준비를 할 때는 노션, PPT, 에버노트, 원노트 등을 사용하고, 여행 중에는 사진, 글, 영상을 휴대폰이나 노트에 담고(여행 중에도 인스타그램이나 페이스북에 실시간으로 여행의 기록을

노선 이외의 다른 여행 기록 어플들. 왼쪽부터 트리플, 핀트윈, 스크랩.

할 수 있다), 여행 후에는 기록 소스를 활용하여 블로그, 브런치의 형태로 작성해 완성하는 여행의 기록이 나에게는 가장 유용했다.

매일 블로그 글쓰기를 함께하는 멤버 중 '책읽는 둥이맘'은 10년 전부터 함께 여행한 사람과 찍은 사진을 밴드 앱에 공유하고 댓글로 소통한다는 팁을 알려주었다. 네이버 카페를 만들어 사진을 저장하는 방법도 있다. 이렇듯 다양한 어플 중에서 나에게 편리한 것을 찾아 여행 기록에 활용해보자.

블로그로 기록 완성하기
: 작성은 틈틈이, 정보는 꼼꼼히

블로그 카테고리의 점유율이 가장 높은 분야는 여행, 숙박, 맛집이다. 예전에는 책 속에서 여행 정보를 많이 찾았다면, 요즘에는 블로그 같은 SNS나 유튜브로 검색한다. 그만큼 여행하는 사람, 기록하는 사람이 많이 늘었다. 여행 후 휘발되는 기억을 잡는 방법 중 블로그에 여행 기록을 남기는 게 가장 쉽고, 언제 어디서든 인터넷이 되는 곳이라면 기억을 꺼내볼 수 있기 때문에 갈수록 블로그에 여행기를 쓰는 사람이 늘고 있다.

　블로그에 여행 기록을 남기는 이유는 소장하기 위함도 있지만, 여행에서 얻은 노하우를 다른 사람과 나누고픈 마음으로 작성하는 사람도 있다. 같은 장소라도 나이나 취향에 따라 가는 곳, 즐겨 먹는 음식이 달라서 찾고자 하는 정보도 그만큼 천차만별이다. 그렇기 때문에 내가 작성한 블로그 여행기가 과연 다른 사람들에게 도움을 줄 수 있을까 하는 걱정은 접어둬도 괜찮다.

블로그 여행 기록의 소스는 여행지에서 찍은 사진, 여행 중에 작성한 메모나 글, 관광지나 식당에서 사용한 영수증이 될 수 있다. 여행의 감흥과 정확한 정보가 사라지기 전에 블로그에 여행기를 작성한다면 좋겠지만, 생각처럼 쉽지 않을 수 있다.

나중에라도 블로그에 여행 기록을 남기려면 세 가지만 기억하면 된다.

첫째, 하루 여행이 마무리되면 스마트폰 블로그 앱에서 글쓰기 버튼을 누른 후 사진을 선택하여 저장한다. 만약 하루 여행이지만 글을 두 개로 분리하고 싶다면, 일단 두 개의 글로 분리해 작성한다. 예컨대 하루를 시간별로 나열하듯이 쓰지 말고, 방문한 관광지 글과 맛집 글을 따로 작성하는 식이다.

둘째, 블로그는 개인의 여행기를 담고 있긴 하지만 검색해서 들어오는 사람에게 양질의 정보를 제공하기에 좋은 툴이 되므로 관광지나 맛집 정보(위치, 영업시간, 가격)를 포함하는 것이 좋다. 이런 객관적인 정보는 바로 블로그 글 본문에 쓰거나, 음성인식 기능을 이용해서 텍스트화한 후 저장해놓는다.

셋째, 제목에 여행 날짜와 방문한 장소를 적고 사진과 함께 저장해놓는다. 한참 나중에 작성할 때는 제목에 적어놓은 날짜와 장소가 기억을 소환하는 데 큰 도움이 된다.

이렇게 세 가지만 해놓고 여행 중 여유시간이나 여행이 끝난 후 블로그에 저장된 글을 열어 작성한다면 아예 백지에서 시작하는 것보다 여행기 작성을 쉽고 빠르게 끝낼 수 있다. 지역 이름이 생각나지 않는다면, 여행의 소스로 준비해두었던 구글 포토에서 i information 버튼을 누르면 구글 지도가 링크되어 장소명도 알 수 있다.

《여행작가의 노트를 훔치다》에서 여행작가가 되는 방법 중 하나는 자신의 여행을 기발하게 기획하고, 여행하고, 블로그에 꾸준히 기록하는 것이라 했다. 여행을 좋아하고 기록을 꾸준히 하는 사람이라면, 여행하는 사람으로서의 정체성을 블로그에 기록하면 된다. 몇 번의 기록으로 여행작가가 되긴 힘들겠지만, 본인이 다녀온 여행기를 블로그에 꾸준히 올린다면 여행작가의 꿈도 꿀 수 있다.

블로그에 발행하거나 임시저장해둔 유럽 캠핑카 여행의 기록들

    나에게 있어 블로그에 작성하는 여행기는 미래의 나를 위한 여행 기록이다. 다시 같은 장소로 여행하거나, 내가 다녀온 곳에 대해 지인이 정보나 느낌을 물어본다면 블로그에 작성해놓은 여행 기록을 활용하면 되기 때문이다. 과거의 내가 기록해놓은 여행기가 미래의 나에게 도움을 준다는 의미이다.

    블로그에 작성하는 여행의 기록에 대해 또 한 가지 조언하자면, 다녀와서 한 달 안에 저장해둔 글을 모두 작성해야 한다는 것이다. 다른 사람이 작성해놓은 블로그의 여행 기록을 읽으며 느끼는 안타까운 점이 하나 있다. 바로 시작은 창대했지만 끝은 없다는 것. 여행이 끝난 후 첫 글은 여행의 일정 모두를 기록할 것같이 작성했지만, 찾아보면 다음 글이 없는 경우가 많다.

스마트폰이나 사진기기 혹은 구글 포토에 들어 있는 잠자고 있는 여행 사진을 꺼내어 블로그에 저장하고, 과거의 여행했던 나로 돌아가서 기록을 시작해보자.

블로그로 여행의 기록 남기는 법

1. 스마트폰으로 블로그 앱을 열어 그날 찍은 사진을 업로드하고 저장한다.
2. 여행 며칠째인지, ○월 ○일 ○요일까지 적고, 방문한 곳에 대해 간단하게 적어놓는다.
3. 여행 시 글을 작성할 수 있으면 바로 하고, 그렇지 않으면 여행을 마무리한 후 한 편씩 꺼내어 사진을 활용해 글을 쓴다.

브런치로 기록 완성하기

: 나만의 여행 에세이를 위하여

브런치는 포털사이트 다음에서 운영하는 작가 플랫폼이다. 블로그는 장벽이 없어 누구나 블로그를 열고 글을 쓸 수 있지만, 브런치는 작가 승인을 받아야만 글을 쓸 수 있다. 승인 절차라는 진입 장벽이 있긴 하지만, 어떤 글을 쓸지에 대한 정확한 목차와 글 2~3개만 저장되어 있으면 승인받는 것이 어렵지는 않다.

브런치는 자신만의 느낌을 담은 여행의 기록을 할 수 있는 **최적의 플랫폼**이다. 여행 기록의 목적 중 하나는 내가 알고 있는 정보를 다른 사람과 공유하여 도움을 주고자 함이다. 예비 여행자들은 정보를 검색하기 위해 다른 여행자의 블로그 기록을 활용한다. 그래서 블로그에 올리는 여행기는 정보성 글과 그에 맞는 키워드를 사용하여 작성하게 된다. 하지만 브런치는 다소 개인적인 공간으로 글쓰기와 읽기에 초점이 맞춰져 있는 플랫폼이다. 다른 사람에게 검색되기 위한 정보와 키워드를 선택하며 시간과 노력을 들이기보다는 작가의 느낌과 생각에 집중하여 글쓰기를 할 수 있다는 장점이 있다. 여행 책자로 비유한다면 블로그는 여행 정보지, 브런치는 여행 에세이의 느낌이다.

또한 블로그는 글 중간과 끝에 붙은 광고나 프로그램이 쓴 듯한 댓글 등, 독자가 글만 집중해서 읽기에는 불편할 수 있지만, 브런치는 이런 단점이 보완된 플랫폼이다. 브런치에는 창작자를 위한 수익 구조가 없었는데, 최근에 '응원하기'라는 기능이 생성되어 수익이 발생하기도 한다.

나는 지금까지 세계 34개국을 여행했지만, 블로그를 시작하기 전까지는 기록으로 남긴 적이 없었다. 블로그를 운영하면서 나의 정체성과 블로그의 브랜딩을 위해 34개국 여행기를 '뒤죽박죽 세계여행기'라는 제목으로 작성했다. 여행기에는 정보성 여행 글이 아니라 지난 20년간 여행하며 느낀 점과 에피소드를 담았다. 처음에는 과거의 삶을 기억하며 글을

브런치에 작성한 〈치앙마이 한 달 기록〉 에세이

쌓기 위해 블로그에 기록한 것인데, 어떤 이가 이런 글은 브런치에 적당하다고 조언을 해주었다. '뒤죽박죽 세계여행기'를 브런치 작가의 서랍에 저장한 후 작가 신청을 하자 바로 승인되었다. 블로그에 연재를 시작했던 글이라 마무리도 블로그에서 했지만, 오히려 여행기는 브런치에서 더 많이 읽혔다. 블로그와 브런치의 독자층이 확실히 구분된다는 걸 이때 알았다.

   얼마 전에 알게 된 여행과 환경 관련 책을 쓰는 김춘희 작가는 여행을 계획하기 전에 그곳에 다녀온 사람의 에세이를 먼저 읽는다고 했다. 다른 사람의 감상을 읽고 자신의 감정을 시뮬레이션해봤을 때 마음속 공감이 끌어올려져 더 의미 있고 즐거운 여행이 되기 때문이 아닐까.

여행 장소에 대한 감성적인 글이 가득한 곳이 브런치라 할 수 있다. 브런치에 있는 여행의 기록은 글에 집중한 에세이뿐 아니라 여행지의 일러스트와 함께 어우러진 글, 여행지에서 찍은 사진과 함께 창작한 시를 발행하는 등 다양한 형태의 글을 볼 수 있다.

자신이 가장 오래 머물러 있고 가장 잘 아는 직장에 대한 글을 써서 브런치 작가 승인을 받은 김진희 작가는 출판사로부터 제안을 받아 좋은 조건으로 《방사선사는 이렇게 일한다》를 출간하기도 했다. 이처럼 브런치는 출판사가 작가를 발굴하는 공간이기도 하고, 다양한 공모전의 입상 기회를 제공하는 곳이기도 하다. 아무도 읽지 않을 것 같은 내 여행기를 공개적인 곳에 올리는 것과 나만의 일기장처럼 간직하고 있는 것은 다르다. 여행작가가 된 마음으로 브런치에 공개적으로 글을 올린다면 다른 예비 여행자의 마음속에서 나의 여행기가 감동으로 다가와 시뮬레이션될 수도 있고, 정식으로 출간 제의도 받을 수 있지 않을까.

책으로 출간하기
: 기획출판, 독립출판, 포토북

여행 기록의 끝판왕은 뭐니 뭐니 해도 책이 아닐까. 여행 준비를 하면서 모은 자료, 만든 문서, 여행 중 찍은 사진, 영상, 노트나 스마트폰에 적은 글은 다음 단계로 나아가지 않으면 세월의 상자 속에 갇혀버리는 느낌이다. 여행 기록의 소스를 모아서 블로그나 브런치에 기록하고, 책을 만들기로 선택하면 한 권의 책이 만들어진다.

여행의 기록이 책의 형태로 만들어지는 경우는 기획출판, 독립출판, 포토북 등이 있다. 꼭 작가가 아니라도 자신이 다녀온 곳의 이야기를 엮어 출간기획서를 만들고 원고를 투고해 기획출판의 꿈을 키울 수 있다.

하지만 기획출간을 목표로 하지 않아도 책으로 만드는 방법은 다양하다. 제주의 사진작가이자 독립출판 강의도 하는 '소보로'는 제주살이 7년차인 자신의 사진을 모아 짧은 글과 함께《Seize the Moment》라는 책을 직접 기획하고 편집했다. 현재 2쇄까지 찍은 독립출판계의 스테디셀러로 자리매김하고 있다. '소보로'에게 독립출판 수업을 받던 제주 이웃 '박쥐'는 뉴질랜드 가족 캠핑카 여행을 가기 전에 직접 인디자인을 활용해《갈까 말까 뉴질랜드》라는 샘플북을 만들었다. 남편의 추자도 발령으로 추자에 살면서 블로그에 기록한 사진과 글을 모아《추자일상》이라는 책을 낸 '일상기획자'는 독립출판계 유통회사인 '인디펍'(기획출간으로 치면 예스24)에서 독립출판 베스트셀러 반열에 오르기도 했다.

꼭 여행을 길게 다녀와야 여행책이 만들어지는 건 아니다. 독립출판으로 펴낸《경주가 경주생일에 경주여행》은 경주라는 사람이 경주에서 4박 5일 동안 여행한 이야기를 글과 그림으로 직접 만든 책이다. 여행 때 찍은 사진으로 글을 쓰고 책으로 만드는 작업은 어려운 일이 아니고, 다만 선택의 문제가 아닐까 한다.

출간하지 않아도 여행에서 찍은 사진을 모아 인터넷 사이

독립출판으로 펴낸 도서들. 《Seize the Moment》, 《추자일상》, 《갈까 말까 뉴질랜드》.

트에서 포토북의 형태로 주문해 한 권의 책으로 만들 수 있다. 아이가 태어났을 때 '맘스다이어리'라는 사이트에서 100일간 일기를 쓰면 하드커버로 된 책 한 권을 무료로 만들어주었다. 출장지에서도 아이를 돌봐주시는 친정엄마에게 부탁해 사진을 받아 매일 작성했고, 이런 노력으로 대략 7권의 육아일기 책이 만들어졌다.

가족 여행을 다녀올 때마다 포토북의 형태로 가족의 역사를 쌓는 사람들도 많다. 내가 운영하는 '블로그 매일 글쓰기 챌린지'(졸꾸머끄 챌린지) 커뮤니티에서는 두 달에 한 번 백일

'폴링업'이 만든 가족 여행의 기록 포토북 / '마이제독서노트'가 만든 가족 역사의 기록 포토북

장 주제를 제시하는데, 얼마 전 내가 제시한 주제는 '가장 기억에 남는 여행의 기록'이었다. 타인이 만든 그들만의 과거 여행의 기록을 함께 볼 수 있다는 게 흥미로웠는데, 백일장에 참여한 '폴링업'은 SNS(싸이월드, 페이스북, 카카오스토리)에 올린 해외에 거주했던 사진을 차곡차곡 모아 포토북을 만들어두었다. 인간은 자신의 행적에 대한 기록의 욕구가 있다는데, 이를 이용하여 가족의 역사책을 만든 경우다.

나는 유럽 캠핑카 여행을 다녀와 아이가 쓴 기록 노트 사진을 찍고, 아이의 글에 대한 엄마인 나의 단상과 여행 당일의 이야기를 에세이 형식으로 구성하여 아이와의 공저 형태로 독립출판을 할 예정이었다. 이후에 감사하게도 유럽 캠핑카 여행과 여행 기록법을 함께 기획하여 《여행의 기록》이라는 기획출판의 형태로 출간 계약을 할 수 있었다.

출간 이후에도 블로그에 6개월간 연재했던 나의 34개국 세계여행기를 담은 '뒤죽박죽 세계여행기'를 독립출판으로 만들 예정이다. 그리고 이번 여름 아이와 치앙마이 한 달 살기를 할 때 블로그에 치앙마이 카페나 맛집 같은 정보성 글을 작성하기도 했지만, 치앙마이에서 벌어진 일, 치앙마이에서 몽둥이를 들고 달렸던 이유, 아이와의 대화와 단상 등을 에세이로 작성해서 브런치에 올렸다. 현재까지 15편의 에세이가 완성되었고, 나머지 글이 완성되는 대로 아이의 일기와 사진을 함께 넣어 공저 형태로 책을 만들 생각도 하고 있다. 책이 나오면 아이에게도 작가라는 타이틀이 생기게 되는 것이다.

전자책 플랫폼 '밀리로드'에서 작가 되기

밀리의 서재에서는 '밀리로드'라는 서비스를 시작했다. 매월 새로운 주제를 제시하고 창작지원금도 제시하여 작가들의 참여를 유도하고 있다. 2024년 6월의 주제는 '여행'이었다. 밀리의 서재 자체가 전자책 플랫폼이라 '밀리로드'에서 연재 글을 마무리해 한 권의 전자책으로 만들면 작가 데뷔가 가능하다.

이처럼 여행의 기록은 다양한 책 출간의 형태로 만들어질
수 있고, 책이라는 물성으로 눈앞에서 항상 꺼내 볼 수 있는
나만의, 혹은 가족의 역사가 될 수 있다.

도서 인플루언서의 여행 기록법

여행이 일상이고, 일상이 여행인 삶

도서 인플루언서로서 독서와 기록은 일상이 되었다. 독서 기록을 꾸준히 이어나간 덕에 일상과 여행 기록도 부담스럽지 않게 시작할 수 있었다. 책 리뷰는 독서라는 특정 행위 후에 기록하는 일이지만, 여행은 떠나기 전 준비하면서, 여행 중에, 그리고 여행 후에 자유롭고 다양한 형태로 기록할 수 있는 매력이 있다.

도서 인플루언서의 여행 기록법이라고 해서 다른 사람보다 특별할 것은 없지만, 오랫동안 다져진 기록의 습관, 오랜 블로그 운영과 활동으로 알게 된 다른 이들의 여행 기록법, 다른 사람의 여행 기록에 대한 호기심 덕분에 조금이라도 도

피르스트 전망대에서 첫 책 《독서의 기록》을 들고 인증샷!

움이 되는 정보를 주고 싶었다.

도서 인플루언서의 여행 기록법은 여행 전, 여행 중, 여행 후로 나눌 수 있다.

첫 번째, 기록을 위해 여행 전 준비해야 하는 건 여행의 테마를 정하고, 가족의 합의를 이끌어내고, 장비를 준비하는 일이다. '기록'이 여행의 테마가 되었다면 필요한 건 스마트폰과 노트, 그리고 기록하겠다는 마음이다.

스마트폰으로는 여행하는 데 필요한 각종 어플을 사용할 수 있다. 노트 또한 스마트폰으로 대체할 수 있지만, 이번 여행은 아이와 함께 기록하는 여행이라 손으로 하는 기록에 초점을 맞추었다.

유럽 캠핑카 여행을 떠나기 전, 여행 전 준비를 아무것도 하지 않았다고 생각했는데, 여행 전 필요한 사항은 이미 준비가 되어 있었고 여행의 기록을 위해서는 충분했다. 항공권, 캠핑카 렌트는 여행의 뼈대를 위한 큰 준비물이었고, 다음으로 중요한 준비물은 지도였다. 국내 여행을 할 때는 네이버 지도를 사용하지만, 해외여행 시에는 구글 지도가 가장 편하다. 구글 지도는 대중교통, 구글 내비, 교통정보, 자전거, 스트리트 뷰(최근에는 산불과 공기 질도 추가되었다) 등이 제공된다.

구글 지도에 가고 싶은 장소, 즐겨 찾는 장소, 별표 표시된 장소 등으로 구분해서 저장해놓으면, 여행 중에는 가고 싶은 장소를 활용하고, 여행 후에는 다녀온 장소를 활용하여 기록이 가능하다. 별표 해놓은 곳을 여행하려는 지인이 공유해줄 수도 있고, 내가 공유할 수도 있어서 처음부터 정보를 알아봐야 하는 수고로움을 조금이라도 줄일 수 있다. 가려고 하는 곳의 주변 캠핑장, 맛집, 카페, 관광지 리스트, 관광객의 평점과 후기 또한 구글 지도에서 확인할 수 있다. 여행 준비뿐 아니라 여행 중, 다녀온 이후에도 가장 많이 사용하고, 기록하면서도 살펴본 앱이 구글 지도이다.

기록을 위한 앱은 아니지만, 구글 지도 이외에는 여행할 나라에서 필요한 어플을 검색을 통해 설치했다. 유럽에서는 만능 내비게이션인 Waze, 스위스 대중교통 어플인 SBB, 구글 번역기, 혹은 파파고 번역 등을 사전에 설치해두면 좋다. 유럽 캠핑카 여행 이후 다음 여행부터는 노션을 활용해 여행 전 기록을 시작했다. 에어텔, 숙소, 비용, 가고 싶은 여행지, 준비물 등을 바로 기록해서 여행 준비의 괴로움보다는 하나씩 완료해나가는 즐거움을 느끼고 있다.

두 번째로, 여행 중에는 기록의 소스를 모았다. 사진을 찍고, 노트에 글을 쓰고, 블로그에 당일 찍은 사진을 저장했다. 여행 전 계획을 짜는 데 도움이 된 구글 지도는 여행 동선을 정확하게 짜지 않은 우리 가족에게 가장 유용한 앱이었다. 구글 지도에 저장된 다른 여행자의 평점 기록을 활용하여 캠핑장을 골랐다. 다른 사람이 남긴 기록이 도움이 되어 내가 방문한 장소에도 별점과 평점을 표시하려고 했으나, 실시간으로 하지 않았더니 우선순위에 밀려서 하지 못했다. 후에 유럽 캠핑카 여행기를 작성하며 꼭 공유하고 싶은 장소의 후기는 이유와 함께 별점도 주며 기록했다. 다른 사람의 여행에 도움이 되고 싶다면 방문한 곳의 평점이나 솔직한 의견을 남기는

피츠 나이어 정상에서 말로야 스네이크를 바라보며

걸 추천한다. 이는 세월이 지난 후 같은 장소를 방문했을 때, 미래의 나에게도 도움이 되는 방법이다.

구글 지도가 여행 장소에 대한 정보성 기록이라면, 여행을 마치고 캠핑카에 돌아와서 자기 전 꼭 당일 찍은 사진을 직접 포토 프린터로 뽑아 노트에 붙이고 그날의 일기를 쓴 행위는 **여행 감상문**이다. 여행지에서 하는 기록이 아이에게는 일상의 기록으로 이어지길 바라는 마음에서 나와 남편도 노트에 함께 여행의 기록을 남겼는데, 가족 구성원이 함께했다는 것만으로도 큰 의미가 되었다. 여행지에서 바로 적은 글이라 정돈은 되어 있지 않지만, 한 권의 책을 쓰는 데는 충실한 소스가 되었다. 또한 촬영했던 짧은 영상을 편집해 매일 가족 여행 영상을 만들어 기록으로 남겼다.

세 번째로, 여행 후에 쓰는 기록이다. 4년이 넘게 매일 글을 썼기에 블로그에 기록을 남기는 건 습관이 되었다. 지난 여행을 블로그에 하나씩 옮기는 작업은 쉽게 느껴지긴 하지만 여행지에서의 생동감이 사라져 자칫 무미건조한 여행지의 나열이 될 수 있음을 여행 후 블로그 여행기를 작성하면서 깨달았다.

기록으로 시작하는 여행을 통해 여행의 의미를 느끼고, 일상으로 돌아와서도 여행하는 것처럼 블로그 이외에도 **다양한 방식으로 여행의 기록을 할 방법**을 생각했다. 여행 후 가족 공동설문지를 작성하는 과정에서 함께했던 순간의 사진을 보며, 가족 구성원 모두가 다시 여행을 떠난 듯한 가슴 벅참도 느꼈다. 짐을 푼 순간 여행이 끝나는 것이 아니라 기록을 준비하면서 지금, 여기에서의 일상이 소중해지는 의미를 깨닫는 순간을, 결과보다는 과정을 즐길 수 있었다.

여행 가기 전부터 여행의 의미를 떠올려 테마를 정하고 어떻게 기록을 할까 생각하면 여행의 질이 달라진다. 여행지에서 그냥 지나칠 수 있는 장면에 의미를 부여하며 관찰하는 능력도 생긴다. 여행지의 테마를 정하듯, 일상에서도 오늘의 테마를 정해서 살아본다면 그날이 그날인 듯한 일상 또한 여행하는 기분으로 살 수 있지 않을까.

여행 기록 초보자가 쓴 글이라 더 많은 프로그램과 방법을 소개하지 못했을 수도 있다. 하지만 어떤 툴을 여행의 기록으로 사용하든, 중요한 건 '여행'이라는 인생의 특별하고 의미 있는 순간을 다시 살게 해주는 게 기록의 진정한 가치가 아닐까. 여행의 기록은 지금, 여기에서의 삶 또한 여행과 같음을 느끼고 나의 현재를 충실하게 살게 해주는 좋은 습관이다.

'독서의 기록'을 통해 기록이 확장되었고, '여행의 기록'을 통해 일상의 가치를 알고 누릴 수 있게 되었다. 여행의 기록은 세상을 좀 더 의미 있게 살아가는 지혜를 준 고마운 습관으로 내 삶에 자리매김했다. 내가 경험한 기록의 여정이 여러분의 여행에, 또 삶에 조금이라도 의미 있는 나침반이 되어주기를 바란다.

기억을 기록으로 바꾸는 여행법
여행의 기록

| 1판 1쇄 발행 | 2024년 11월 11일 |

| 글·사진 | 안예진 |
| 펴낸이 | 박선영 |

편집	양은하
영업관리	박혜진
마케팅	김서연
디자인	책은우주다

발행처	퍼블리온
출판등록	2020년 2월 26일 제2022-000096호
주소	서울시 금천구 가산디지털2로 101 한라원앤원타워 B동 1610호
전화	02-3144-1191
팩스	02-2101-2054
전자우편	info@publion.co.kr

| ISBN | 979-11-91587-73-9 03320 |

※ 책값은 뒤표지에 있습니다.